JOSÉ TRASFERETTI
LÍVIA RIBEIRO LIMA

TEOLOGIA, SEXUALIDADE E AIDS

EDITORA SANTUÁRIO
Aparecida-SP

DIRETOR EDITORIAL:
Marcelo C. Araújo

EDITORES:
Avelino Grassi
Márcio F. dos Anjos

EDITOR ADJUNTO:
Edvaldo Manoel de Araújo

COORDENAÇÃO EDITORIAL:
Ana Lúcia de Castro Leite

REVISÃO:
Ana Lúcia de Castro Leite

CAPA E DIAGRAMAÇÃO:
Simone Godoy

Dados Internacionais de Catalogação na Publicação (CIP)
(Câmara Brasileira do Livro, SP, Brasil)

Trasferetti, José
    Teologia, sexualidade e AIDS / José Trasferetti, Lívia Ribeiro Lima. – Aparecida, SP: Editora Santuário, 2009.

    Bibliografia.
    ISBN 978-85-369-0153-4

    1. AIDS 2. Comportamento sexual – Aspectos religiosos 3. Sexualidade – Aspectos religiosos 4. Teologia moral – Aspectos sociais I. Lima, Lívia Ribeiro. II. Título.

08-11841   CDD-241

Índices para catálogo sistemático:

1. AIDS e sexualidade: Teologia moral 241

Todos os direitos reservados à **EDITORA SANTUÁRIO** — 2009

 Composição, CTcP, impressão e acabamento:
EDITORA SANTUÁRIO - Rua Padre Claro Monteiro, 342
Fone: (12) 3104-2000 — 12570-000 — Aparecida-SP.

Ano: 2012   2011   2010   2009
Edição: **9   8   7   6   5   4   3   2   1**

Agradecimentos

Aos amigos(as) que tornaram
este livro possível.

SUMÁRIO

Introdução – 7

1. Teologia e Pastoral DST/AIDS – 15
Os discursos religiosos sobre a AIDS – 18
A Igreja Católica e a AIDS – 27
O envolvimento dos franciscanos – 36
O grupo de espiritualidade – 42

2. Homossexualidade e AIDS – 49
"Homens que fazem sexo com homens" – 55
O pensamento da Pastoral da AIDS – 63
Estrutura e hierarquia na Igreja – 74

3. Gênero e AIDS – 79
Prevenir a AIDS dentro de casa – 90
Mulher e homem na Igreja – 98

Conclusão – 107

Bibliografia – 117

INTRODUÇÃO

A epidemia da AIDS tem uma imensa capacidade de associação simbólica, de criar significados e imagens que buscam sua compreensão. Entre as metáforas produzidas pela AIDS está a estreita ligação entre ato sexual, doença e morte; o simbolismo da peste e sua interpretação como castigo divino, e da lepra, pelo horror ao contágio que evoca e pelos movimentos de segregação de doentes e suspeitos que suscita.[1]

A AIDS é especialmente representada por sua imbricação com a sexualidade, a partir da qual constroem-se representações e valores acerca da transmissão sexual da doença, e do doente. As diferentes apropriações sociais e culturais da sexualidade vão influenciar o modo com que grupos sociais percebem esta doença epidêmica e estigmatizante. Em face da AIDS, as pessoas simbolizam a experiência sexual, como aquelas que são responsabilizadas pela disseminação da doença, identificando-as como o sexo desviante, anal e promíscuo. Como tentativa de entender e controlar esta doença, as explicações relacionam comportamento

---

[1] Morais, Claudia, e Carrara, Sérgio. "Um vírus só não faz a doença", p. 13. *Comunicações do ISER.*

sexual e identidade sexual. Tanto quanto se procurou separar os sãos dos doentes de AIDS, também se distinguiram heterossexuais de homossexuais, justos de pecadores.

No Brasil, a via sexual heterossexual é responsável pela maior parte das infecções. Não obstante, o imaginário social construído acerca das causas da doença, de certa maneira, ainda as identifica ao comportamento homossexual. O julgamento moral tornou-se a tônica do preconceito relacionado à epidemia. A AIDS como decorrência dos pecados cometidos por comportamentos sexuais pervertidos vai marcar sua interpretação pela Igreja Católica no Brasil, principalmente no início da epidemia. Percorremos a análise do discurso dos religiosos que representam a Igreja Católica no Brasil, a CNBB, para percebermos a crescente investida da Igreja para a prevenção à AIDS. Recorrendo a documentos sobre a doutrina para uma moralidade sexual que fundamentam os discursos da CNBB, investigaremos se a Pastoral de DST/AIDS representa uma flexibilização ou uma continuidade ao lidar com concepções como reprodução e sexualidade.

Nas sociedades atingidas pela epidemia da AIDS, os comportamentos sexuais são transformados em objeto de discurso público, pois com as propostas de prevenção à doença, busca-se interferir nas representações sociais e, em última instância, na resignificação das práticas sexuais consideradas mais ou menos seguras, que oferecem mais ou menos riscos. Esse é um dos fundamentais mecanismos de poder da sexualidade, cujo dispositivo, segundo Foucault, é o desejo do sexo, desejo de tê-lo, de aceder a ele, de descobri-lo, liberá-lo, articulá-lo em discurso, formulá-lo em verdade.

As campanhas de prevenção à AIDS encampadas pelo governo brasileiro têm por objetivo informar a população a respeito de um problema de saúde pública, uma doença epidêmica, e os meios de prevenir sua disseminação. Frequentemente ainda que se diga que homens e mulheres, independentemente de sua prática sexual, são vulneráveis, faz-se alusão aos comportamentos sexuais que podem transmitir a doença venérea, como a promiscuidade, ou seja, possuir vários parceiros sexuais, prática associada ao carnaval, e manter relacionamentos extraconjugais. Estes comportamentos não são necessariamente reprovados, a mensagem principal é a difusão de um contraceptivo, a camisinha. O que desperta os conflitos latentes entre uma moral laica e científica, e uma moral religiosa, que considera qualquer referência pública a tais comportamentos uma forma de legitimá-los.

Conforme Parker,[2] reafirmaram-se discursos tanto morais e religiosos, como discursos de condutas mais liberais:

> "As tendências liberais das últimas décadas e a evidente modernização da moralidade sexual foram mais uma vez trazidas à discussão responsabilizadas por uma epidemia que rompeu a textura da vida moderna. Tanto a doutrina religiosa como a moderna autoridade médica foram reafirmadas em face da AIDS, à medida que acusações de pecado e doença surgiram outra vez na discussão de uma moléstia ligada à transmissão sexual e ao comportamento não-convencional".[3]

Mott[4] concorda em dizer que a AIDS tem provocado questionamentos e modificações substantivas nos padrões e práticas sexuais contemporâneos, que se manifestam através de duas

---

[2] Parker, Richard. *Corpos, Prazeres e Paixões. A cultura sexual no Brasil Contemporâneo*, 1991.

[3] Richard Parker, *op. cit*, p. 147.

[4] Mott, Luiz. "Aids e sexualidade." Anais do VII Encontro Estudos Populacionais. Caxambu, 1990, v. 3. Disponível em: www. abep. org.br/REBEP

grandes tendências: pelos discursos conservadores sobre ética sexual das igrejas cristãs, e pela liberação do discurso sexual, com a maior visualização das práticas libidinosas e a crescente desmistificação do tabu sexual em geral.

A epidemia da AIDS introduz modificações na estrutura dos significados da cultura sexual. Por cultura sexual, entendemos o sistema de significados e dimensões simbólicas que moldam e estruturam a experiência subjetiva da vida sexual. Conforme Parker, na cultura contemporânea brasileira não há um só e unificado sistema de significados sexuais, mas múltiplos subsistemas, embora conflitantes e, às vezes, até contraditórios, tendo em vista que a experiência sexual é produto de um complexo conjunto de processos sociais, culturais e históricos.[5]

O discurso moral e religioso é imprescindível para se entender o universo interpretativo da epidemia da AIDS. Abordamos esse universo histórico e social sob a perspectiva da Igreja Católica; mais do que em termos da dominância dos valores religiosos na vida cotidiana, sua importância está em gerar e interpretar o significado da experiência sexual.

A Pastoral DST/AIDS pode ser visualizada como o resultado da introdução da problemática da AIDS nas estruturas eclesiais e na hierarquia católica da Igreja no Brasil. A Conferência Nacional dos Bispos do Brasil, a CNBB, congrega todas as Pastorais, que têm ações específicas, através dos bispos que as representam. A intenção é implementar grupos de Pastoral em todas as comunidades católicas do Brasil, estimadas em 200 mil, de tal modo que se articule uma rede unificada de ações e

---

[5] Parker, Richard. *Corpos, Prazeres e Paixões. A cultura sexual no Brasil Contemporâneo*, 1991.

orientações nos trabalhos de prevenção e assistência. A Pastoral da AIDS, presidida por Dom Eugênio Rixen, atinge todas as regiões do Brasil, através de seus coordenadores regionais, em sua maioria leigos, auxiliados por um assessor nacional e por um secretário executivo, que são religiosos franciscanos.

A Capacitação para Agentes de Pastoral da AIDS é a estratégia para chegar às comunidades católicas. Neste evento, o coordenador regional da Pastoral reúne principalmente aqueles leigos que já estão envolvidos em trabalhos com a AIDS, como a assistência aos soropositivos em casas de apoio. Estes leigos são chamados de "multiplicadores", porque serão os "pontos focais" onde estão inseridos, incumbidos de sensibilizar o bispo de sua diocese, que é a instância municipal da Igreja, para que então seja formado um grupo de Pastoral na paróquia, esta que congrega um conjunto de comunidades católicas. Na ocasião de uma capacitação, os religiosos promovem o estudo do Guia do Agente da Pastoral, além de palestras e discussões sobre suas experiências.[6]

Os religiosos da Pastoral de DST/AIDS constantemente falam sobre a renovação da ética sexual católica e da interpretação extremamente moralizante da AIDS e de suas causas, imprescindível para uma resposta concatenada com os desafios que a epidemia impõe a todos que somos atingidos por ela. Desse modo, vivem o desafio de construir seu discurso de prevenção em concomitância com aquele proferido pela CNBB.

---

[6] Na Capacitação de Agentes de Pastoral da AIDS, realizada nos dias 26 e 27 de setembro na cidade de São Paulo, da qual participei, frei José Bernardi, secretário executivo da Pastoral, proferiu uma comunicação a respeito da "Moral Cristã e os desafios contemporâneos", e frei Luis Lunardi falou sobre a "Pastoral da AIDS: visão e missão".

Para analisar o discurso dos religiosos da Pastoral da AIDS, a opção metodológica utilizada foi a entrevista semi-estruturada, realizada durante uma Capacitação de Agentes de Pastoral, em São Paulo. Seus posicionamentos e atuações foram apreendidos em fontes diversas, como em seus livros de reflexão científico-teológica; nos boletins trimestrais da Pastoral e através do acompanhamento de seu site na internet.

A preocupação da Pastoral de DST/AIDS com o aumento significativo da infecção pelo HIV entre as mulheres reflete o questionamento que esse fato coloca para a Igreja Católica, tendo em vista que a maior parte das mulheres atingidas se dizem ser casadas e fiéis aos seus maridos.

Alguns estudos buscam compreender essa evidente vulnerabilidade das mulheres na sociedade brasileira, relacionando-a às concepções de sexualidade e gênero. Com as entrevistas realizadas com mulheres soropositivas que trabalham na Oficina Terapêutica de Papel Reciclado, a finalidade é compreender, através de suas histórias de vida, como valores morais e religiosos são acionados, e como pensam ser a melhor forma de prevenção ao HIV. O risco de infecção das mulheres parece ter ligação estreita com a pobreza e com a falta de informação e recursos.

Esse serviço pastoral é ele mesmo fruto das consideráveis iniciativas católicas de assistência aos soropositivos em situação de exclusão social, através de casas de apoio. Destacamos duas ONGs católicas, a Casa Fonte Colombo, fundada em 1999 e o Centro Franciscano de Luta contra a AIDS, fundado em 1994, onde estão os principais religiosos franciscanos envolvidos com a Pastoral de DST/AIDS. Para a ordem fundada por São Francisco, que se converteu para Deus, deixando a riqueza de sua família para viver com os leprosos, os marginalizados de sua época, "o desafio do século são os doentes de AIDS".

Tendo em vista o envolvimento dos religiosos da Pastoral da AIDS com os portadores do vírus HIV, proporcionado pelo trabalho na casa de apoio, a hipótese que se delineia é que seu discurso é situado, não pode ser compreendido sem levar em consideração as situações que enfrentam em sua prática de assistência e como experienciam este contato com os soropositivos.

A escolha do Centro Franciscano de Luta contra a AIDS como pesquisa de campo teve a intenção de conhecer as práticas que se realizam com os soropositivos; como se lida com a prevenção a AIDS para os soropositivos; de que formas se elegem suas necessidades e como se dá a assistência; qual é o lugar da religião católica nas atividades oferecidas aqueles que chegam à casa; como são tratados os estigmas que se relacionam à doença; e qual é a identidade que os soropositivos adquirem para os religiosos. O grupo de "homens que fazem sexo com homens" e de "sexualidade" para adolescentes portadores do vírus HIV, grupos de vivência do Cefran, é sintomático do reconhecimento da diversidade sexual e sociocultural daqueles que vivem com o vírus HIV.

As relações de gênero estão envolvidas nas peculiaridades da epidemia tais como elas se apresentam na sociedade brasileira, ao atingir diferentemente homens e mulheres, e no processo de construção simbólica da doença. Existe uma grande dificuldade de se tratar da sexualidade no interior da Igreja Católica, o que tem contribuído para a renovação de doutrinas morais, evidenciando-se a pouca assimilação dos atores sociais pela normatividade da experiência sexual. Assumo com Parker que o entendimento das nuanças dos significados sociais e culturais da experiência sexual, que não só condicionam a disseminação do HIV, mas também a forma de os atores e sistemas sociais reagirem à AIDS, é imprescindível na pesquisa etnográfica.[7] Por fim, temos a pretensão de delinear uma cultura sexual brasileira, atingida pela AIDS, ou seja, mostrar por que se pode dizer que a sexualidade é reestruturada, em um processo dinâmico, por discursos e ações que integram os campos de representações da epidemia, entre os quais, aqueles construídos pela religião católica no Brasil. Agradecemos de coração todas as pessoas que de uma forma ou de outra contribuíram para que este livro fosse concluído com sucesso.

José Trasferetti
Lívia Ribeiro Lima

---

[7] PARKER, Richard. *Na Contramão da AIDS: sexualidade, intervenção, política.* A pesquisa etnográfica é o método específico utilizado pela Antropologia para uma pesquisa qualitativa. Trata-se de apreender a estrutura social, bem como seus mecanismos de transformação, através da observação participante dos eventos sociais ou das esferas onde atua o grupo social pesquisado. Comumente os antropólogos, durante sua convivência em campo, recorrem às entrevistas em profundidade.

Teologia e Pastoral DST/AIDS

A Pastoral de DST/AIDS é, hoje, o resultado da visibilidade das práticas da Igreja Católica com a AIDS. Seu histórico e sua formação estão relacionados às iniciativas católicas, notáveis por assistirem e acompanharem as pessoas atingidas pela AIDS. Essas entidades ligadas à Igreja inseriram-se no cenário de um verdadeiro movimento social da AIDS, convivendo com as práticas organizadas da sociedade civil e as políticas públicas do Estado brasileiro.

Do diálogo entre a Igreja e o Estado, mais especificamente com o Ministério da Saúde como o financiamento de projetos de entidades católicas pelo Programa Nacional de DST/AIDS, consolidava-se a intenção de se criar uma comissão da Igreja Católica destinada a catalisar os trabalhos relativos à AIDS. De fato, no dia 27 de março de 1999, a comissão técnico-científica da Pastoral da Saúde Nacional criou uma comissão para acompanhar a problemática da AIDS. No Encontro Nacional de ONGs, que aconteceu em Belo Horizonte, no mês de abril de 1999, houve o anúncio oficial da criação dessa comissão, com o intuito de aproximar as experiências da sociedade civil e da

Igreja. Assim, organizou-se o encontro denominado Oficina de Articulação Solidária, que ocorreu em Brasília entre 1 e 3 de agosto de 1999.[8]

Foi essa comissão que realizou e organizou o I Seminário "AIDS e desafios para a Igreja do Brasil", de 12 a 15 de junho de 2000, em Itaici-SP. Esse Seminário reuniu o então Ministro da Saúde José Serra, o então coordenador nacional das Políticas de DST/AIDS Paulo Teixeira, o coordenador adjunto Raldo Bonifácio Costa Filho, o presidente do Pontifício Conselho de Saúde e representante do Papa Dom Javier Barragán, o Arcebispo Emérito de São Paulo cardeal Paulo Evaristo Arns, o representante da CNBB Dom Eugênio Rixen, além de religiosos, religiosas e lideranças do movimento de AIDS de todo o Brasil, direta ou indiretamente ligadas à Igreja.

Em março de 2001, a Comissão decidiu desvincular-se da Pastoral da Saúde e organizar uma equipe representativa dos cinco grandes regionais da CNBB, isto é, estruturar a legalização de uma Pastoral específica para a AIDS. Atualmente, a sede da Pastoral, que já foi em Fortaleza, está localizada em Porto Alegre. O processo de formalização e legalização da Pastoral de DST/AIDS se deu, de fato, quando da sua I Assembléia Nacional, que aconteceu entre os dias 24 e 26 de outubro de 2002, em Goiânia.[9] O evento reuniu representantes das regionais da CNBB, com o objetivo de aprofundar a

---

[8] Boletim da Pastoral de DST/AIDS – CNBB. Ano I – número 1 – março/2002. "Histórico da Pastoral de DST/AIDS."

[9] Boletim da Pastoral de DST/AIDS – CNBB. Ano I – número 1 – março/2002. "Histórico da Pastoral de DST/AIDS."

discussão a respeito da contribuição da Igreja na contenção da epidemia da AIDS. Durante a Assembléia, foi lançado o livro: *Viu e teve compaixão... Igreja e AIDS*, que traz alguns temas suscitados pela AIDS a partir da ótica eclesial, além de algumas experiências de assistência da Igreja com as pessoas soropositivas.

Nessa ocasião, foram definidas as linhas de atuação da Pastoral de DST/AIDS para todo o Brasil, tais como a capacitação de Agentes de DST/AIDS para o trabalho de prevenção e assistência; a elaboração do Guia do Agente de Pastoral; a promoção da Vigília pelos mortos em todo terceiro domingo de maio e a participação das atividades do Dia Mundial de Luta contra a AIDS em todo primeiro de dezembro; a continuidade da reflexão científico-teológico com publicações de artigos e livros; a publicação dos Boletins da Pastoral; a produção e distribuição de material informativo com a finalidade de promover prevenção; a articulação com as instâncias da Igreja assumindo a AIDS como dimensão missionária; a criação de parcerias com o Estado, em todos os níveis e com outras entidades de luta contra a AIDS.

A atuação da Igreja Católica está marcada pelas Diretrizes Gerais da Ação Evangelizadora no Brasil. Dentre as Diretrizes para o período de 2003 a 2006, a Igreja assumiu, oficialmente, sua missão frente à epidemia da AIDS, na Assembléia anual de 2003 da CNBB:

> "Serviço de prevenção ao HIV e assistência aos soropositivos: a Igreja assume este serviço e, sem preconceitos, acolhe, acompanha e defende os direitos daqueles e daquelas que foram

infectados pela AIDS. Faz também o trabalho de prevenção, pela conscientização dos valores evangélicos, sendo presença misericordiosa e promovendo a vida como bem maior".[10]

Conforme nos é dado perceber, a Pastoral de DST/AIDS parece ter se tornado uma necessidade dentro da Igreja Católica, ainda que já existissem diversos trabalhos de cunho religioso com a AIDS. Sua estrutura hierárquica e organizacional, viabilizada por ser uma Pastoral da CNBB, possibilita a criação de equipes em níveis regionais e diocesanos – que é a instância municipal da Igreja. "Esta organização pretende viabilizar um plano de atividades conjuntas, que possam dar organicidade e visibilidade às práticas da Igreja no mundo da AIDS, bem como qualificar os agentes que atuam neste serviço."[11] E mais significativo para os propósitos deste livro é a proposta de unificar orientações no que tange à prevenção da AIDS.

Os discursos religiosos sobre a AIDS

Richard Parker observou que a AIDS chamou a atenção para a diversidade sexual e para as diferenças transculturais na organização da vida sexual. O que levou, no estudo sobre a pandemia, muitos pesquisadores das ciências sociais a entender a sexualidade humana como sendo social e culturalmente construída: como produto menos de nossa natureza biológica do que dos sistemas sociais e culturais que mode-

---

[10] Boletim da Pastoral de DST/AIDS – CNBB. Ano II – numero 5 – agosto/2003. Diretrizes Gerais da Ação Evangelizadora no Brasil, 2003 – 2006, n. 213e.

[11] *Viu e teve compaixão... Igreja e AIDS,* Editora São Miguel, Fortaleza, 2002, p. 6.

lam não só nossa experiência sexual, mas as formas pelas quais interpretamos e entendemos essa experiência. A atenção voltou-se para os cenários culturais, práticas discursivas e sistemas de conhecimento e poder mais amplos que, como argumentou Foucault, produzem o significado e a experiência da sexualidade.[12]

Parker opta pelo entendimento dos conceitos "próximos da experiência" que organizam a vida sexual dos membros de culturas específicas, usados para entender e interpretar sua própria realidade. Partilhando também da teoria antropológica de Geertz, apresentada em "O Saber Local", o objetivo aqui é compreender os conceitos "próximos da experiência" e a linguagem utilizada pelos atores da Igreja Católica que estão envolvidos com trabalhos de assistência e prevenção à epidemia da AIDS, como os religiosos da Pastoral da AIDS.[13] Seus conceitos e sua experiência dialogam com a prática de leigos engajados em casas de apoio a soropositivos e outros trabalhos eclesiais, bem como ao discurso dos bispos brasileiros. A compreensão dos conceitos apropriados e acionados no contato com a realidade da epidemia permite delinear os conceitos científicos "distantes da experiência", perfazendo uma interpretação da cultura sexual e da epidemia na sociedade brasileira, a partir do imaginário religioso.

---

[12] PARKER, Richard. *Na Contramão da AIDS: sexualidade, intervenção, política,* 2000.

[13] O discurso dos religiosos da Pastoral da AIDS pode ser apreendido em fontes diversas, como em seus livros de reflexão científico-teológica; nos seminários de prevenção que promovem, como o III Seminário de Prevenção ao HIV/AIDS: "Vulnerabilidade Social e AIDS". O desafio da prevenção em tempos de pauperização, realizado em Porto Alegre no mês de outubro de 2004; na capacitação de agentes de Pastoral da AIDS, da qual participam e ministram palestras e, de fundamental importância, através da entrevista que realizei durante uma capacitação em São Paulo.

Os religiosos da Pastoral da AIDS propõem uma nova leitura da sexualidade, diante dos desafios contemporâneos que se colocam à moral cristã:

"O próprio desenvolvimento da sociedade ajuda a Igreja e a teologia a crescer, a olhar com outras perspectivas a contribuição das ciências humanas, a própria independência da mulher permitiu que a teologia moral elaborasse de forma diferente a sua concepção de sexualidade. Hoje, há toda uma reflexão teológica que procura compreender o fenômeno da sexualidade em toda a sua complexidade. Partindo da realidade, e aí a contribuição da teologia latino-americana, partindo da experiência que as pessoas fazem do exercício de sua sexualidade. A moral deixou de ser normativa, um conjunto elaborado de leis a partir de princípios ideais e procura refletir, lançar luzes sobre esta realidade como um valor positivo. Também para a procriação, mas também como uma fonte de prazer, como uma fonte de harmonização pessoal, de consolidação da relação matrimonial. (...) Hoje, eu creio que ninguém que tenha um mínimo de bom senso, que tenha se deixado arejar pelas novas contribuições das ciências, vai dizer que o ato sexual é feio, é pecado, é sujo, como se dizia antigamente".[14]

---

[14] Frei José Bernardi, que é mestre em teologia e ciências patrísticas e professor na Escola Superior de Teologia Franciscana em Porto Alegre, concedeu-me uma entrevista durante a Capacitação de Líderes Comunitários da Pastoral de DST/AIDS, nos dias 25 e 26 de setembro de 2004, que aconteceu no Cefran, na cidade de São Paulo. A entrevista de corpo presente foi registrada com a permissão consentida de um gravador.

Frei Bernardi tem a percepção de uma moral sexual modificada e reestruturada por acontecimentos sociais, como a "independência da mulher", a "contribuição das ciências humanas" e as "experiências que as pessoas fazem do exercício de sua sexualidade". Com isso, ele tece uma teologia da sexualidade mais flexível, mais positiva, que não se resume a um conjunto elaborado de leis e normas sobre a procriação e a relação matrimonial, mas se permite falar do prazer no ato sexual, como "uma fonte de harmonização pessoal". Ao se distanciar da linha tradicional da Igreja, que considera toda atividade sexual como intrinsecamente imoral, e explicitar seu pensamento a respeito da ligação superada entre sexualidade e reprodução, esboçando-as como esferas sociais autônomas, o religioso franciscano anuncia uma tendência na teologia moral que não é aquela que se manifesta, de uma maneira geral, entre o episcopado brasileiro.

O religioso parece identificar que as implicações da epidemia da AIDS introduzem transformações na estrutura de significados da cultura sexual, que é uma hipótese deste livro:

> "A epidemia da AIDS mostrou, tirou debaixo do tapete, seja da Igreja, seja da sociedade como um todo, uma realidade que você não tem como contestar ou questionar, a realidade se apresenta, ela é assim. E ela não se comporta de acordo com aquilo que a gente imagina, com aquela visão idealizada, que as pessoas não fazem scxo antes do casamento, ou que só fazem sexo dentro do casamento, ou que só faz sexo homem com mulher. A AIDS escancarou as nossas maneiras de exercício da sexualidade. O grande problema ou grande contribuição da AIDS é que ela desvelou aquilo que a gente sempre, como

humanidade, teimou em velar, em guardar, em esconder, que é o fato de nós sermos sexuados, termos relações sexuais das mais diversas formas, com os mais diversos parceiros. (...) Não é que as pessoas aumentaram o sexo e, por isso, têm AIDS. Na verdade, a AIDS se propagou porque as pessoas têm essas relações" (Frei José Bernardi, em entrevista).

A modernização da moralidade sexual e a diversidade sexual adquiriram evidência maior com o aparecimento da AIDS. Conforme coloca Parker,[15] questões relacionadas à importância da educação sexual, a diversidade dos estilos de vida dos homossexuais e a complexidade do comportamento sexual tornaram-se assunto de debate público, como vemos, inclusive de interesse dos religiosos. Frei Bernardi atribui um significado à epidemia, segundo o qual as infecções pelo HIV revelam as identidades sexuais, muitas vezes veladas, das pessoas.

O religioso identifica, desse modo, que a epidemia da AIDS traz à tona aquilo que a humanidade sempre "teimou em velar, em guardar, em esconder", qual seja, nossa repressão sexual. Sobre isso, Foucault esclarece que a colocação do sexo em discurso e a disseminação e o reforço do despropósito sexual fazem parte do dispositivo de sexualidade. Assim como se torna possível e necessário falar e saber sobre formas ilegítimas de expressão sexual, como são referidas por discursos morais e religiosos, de tal modo se exerce o controle e o efeito de poder:

---

[15] PARKER, Richard. *Corpos, Prazeres e Paixões. A cultura sexual no Brasil Contemporâneo*, p. 150. São Paulo, Editora Best Seller, 1991.

"(...) é através do isolamento, da intensificação e da consolidação das sexualidades periféricas que as relações de poder com o sexo e o prazer se ramificam e multiplicam, medem o corpo e penetram nas condutas".[16]

Se a epidemia escancara os comportamentos sexuais não-convencionais, como a promiscuidade e a homossexualidade, este é um mecanismo de poder que permite, ao mesmo tempo, a produção dessas sexualidades, e a inscrição e o domínio de suas condutas e de suas diversas formas.

As diferentes percepções sobre a sexualidade dentro da Igreja condicionam as interpretações sobre a epidemia e a prevenção à AIDS:

"Quem tinha uma visão pessimista da sexualidade, leu a epidemia da AIDS como castigo pela perversão da sexualidade. Quem tem uma visão mais positiva vai propor uma teologia do cuidado. Diante de um vírus que ainda não tem cura, que infelizmente gera uma série de estigmas e tematiza a questão da morte, embora não se morra, hoje, diretamente por causa da AIDS; mas quem tem uma visão mais positiva da sexualidade não vai propor que se evite o exercício da sexualidade, mas que ele seja um exercício responsável de cuidado consigo e com o outro. Aquela relação de intimidade de duas pessoas, tão vital que produz vida, não se transforme em uma causa de morte, podendo ser um canal de transmissão do vírus" (Frei José Bernardi, em entrevista).

---

[16] FOUCAULT, Michel. *História da Sexualidade. A vontade de saber.* Vol. I, p. 48. Rio de Janeiro: Graal, 1988.

O religioso considera que sua visão é mais positiva da sexualidade, em relação àqueles que, na Igreja, identificam a epidemia da AIDS como castigo divino em razão de conduta sexual indevida. Uma interpretação moralizante da epidemia da AIDS está presente entre os bispos da CNBB e nos pronunciamentos do Vaticano. A contribuição da Igreja à epidemia é recordar à sociedade em geral a importância de respeitar os valores morais e religiosos da sexualidade e do matrimônio:

> "(...) paralelamente à difusão da AIDS, está se manifestando algo assim como uma imunodeficiência no âmbito dos valores existenciais, que deve ser reconhecida como verdadeira patologia do espírito" (Discurso aos participantes da IV Conferência Internacional: "Viver: por quê? AIDS", 13-15 de novembro de 1989, por João Paulo II).[17]

Segundo o teólogo Trasferetti, a teologia católica vê, então, a oportunidade do *Kairós*, ou seja, uma grande ocasião para a conversão, a penitência e a caridade. A epidemia da AIDS significa uma intervenção oportuna no comportamento sexual das pessoas, segundo Dom Eugênio Rixen, presidente da Pastoral de DST/AIDS:

---

[17] Mensagem para a Jornada Mundial da AIDS, do Conselho Pontifício para a Pastoral no Campo da Saúde. 1º de dezembro de 2003. Disponível em: www.cleofas.com.br (acesso em 23 de agosto de 2004).

"Aí há um grande desafio para nós: é em relação à mudança de comportamento destas pessoas que estão com o vírus da AIDS ou as categorias de pessoas que estão mais ameaçadas de pegar AIDS".[18]

À primeira vista, parece realmente incompreensível o envolvimento da Igreja Católica com os portadores do vírus HIV, sem esperar que esta não interfira na conduta daqueles ou que lhe seja possível lutar contra o preconceito de ordem moral dirigido aos infectados pela AIDS. Através da interpretação da conhecida parábola escrita pelo evangelista São Lucas, O Bom Samaritano, Luiz Carlos Susin procura o sentido da experiência do voluntariado à luz da teoria antropológica de Victor Turner.

Na parábola contada por Jesus, o samaritano é aquele que se tornou próximo do homem que foi assaltado e espancado e ficou quase morto à beira da estrada. É aquele que chegou perto, viu e teve compaixão. Segundo frei Luiz Susin, o samaritano somente pôde aproximar-se do caído na estrada porque se identificou com ele no preconceito, na dor, no pecado. O samaritano tinha qualificações no sistema religioso – assim como o sacerdote e o levita que passaram antes, mas não pararam, pois a religião não permitia que tocassem em um homem quase morto, sem os rituais de purificação – mas não enquanto um estrangeiro que viajava na terra de judeus, seus inimigos.

---

[18] José Antonio Trasferetti. *Família e AIDS: comunicação, conscientização e saúde, p.* 76. Campinas, Editora Átomo, 2004.

"(...) quanto mais se está na base, na opressão ou na marginalidade da estrutura social, mais facilmente afloram essas relações intensas que estão além dos papéis bem definidos. É especialmente no espaço religioso dos ritos de iniciação e de passagem, como também nas peregrinações e nos centros de romaria, que a relação sem barreiras, de irmandade, se torna tanta a ponto de suspender e romper até definitivamente com a burocracia das relações distribuídas por funções e as relações se tornam pura gratuidade e comunhão, disposição à generosidade e a uma verdadeira vida 'em comum'".[19]

Para Susin, a experiência do samaritano, que cuidou e ajudou o caído na estrada, também ele um homem à margem do sistema, seria identificada por Victor Turner como uma circunstância em que a estrutura social é suspensa, temporariamente, e se rompem posições e funções. É o conceito de *communitas*, que Victor Turner define e distingue de estrutura social, em seu livro "O Processo Ritual". De modo que é o despojamento das posições sociais e de todo sistema, por mais sagrado que seja, que permite, segundo Susin, a exposição e a vulnerabilidade, que leva ao voluntariado, à compaixão.

Podemos entrever, nessa forma de interpretar essa parábola, um modo proposto para se relacionar com os soropositivos, aqueles que, comumente, são colocados à margem do sistema social e reconhecidos como transgressores dos padrões estabelecidos. Especialmente no Guia do Agente de Pastoral, fala-se muito que

---

[19] Susin, Luiz Carlos, capuchinho e professor de Teologia na PUC-RS. "Proximidade na marginalidade: uma interpretação do 'Bom Samaritano'". *Igreja e AIDS: Presença e Resposta.* Editora São Miguel, Porto Alegre, 2004.

somos todos vulneráveis e atingidos pela AIDS, numa aparente tentativa de suspender os julgamentos morais, que vinculam a vulnerabilidade ao HIV a grupos de risco. Conforme Victor Turner, o franciscanismo ressalta a tensão entre a estrutura social e a *communitas*, pois vive o conflito entre a fraternidade na pobreza e a necessidade de instituição e de expansão cada vez mais burocratizada.

A Igreja Católica e a AIDS

Num processo de enfrentamento à epidemia, surgiram diversos e distintos discursos para a construção da prevenção à AIDS no Brasil. Um discurso tem por base o "sexo seguro", idealizado por homossexuais norte-americanos. "A essência do sexo sem risco é que não se deve permitir que o sangue, esperma e secreção vaginal de outra pessoa entrem dentro do próprio corpo."[20] De tal modo que foram propostas práticas sexuais alternativas àquelas que mais ofereciam risco de transmissão do HIV. O sexo seguro, cujo grande mote é o preservativo masculino, passou a fazer parte integrante do discurso oficial de organismos e instituições envolvidos com o controle e prevenção à AIDS, da Organização Mundial de Saúde, Ministério e Secretarias de Saúde às organizações não-governamentais.

Outro discurso que se faz presente na sociedade brasileira é a abstinência sexual ou a fidelidade conjugal como medidas de prevenção à AIDS. É nesse sentido que podemos antever o discurso proferido por João Paulo II na Conferência Internacional da AIDS, em 1989:

---

[20] MOTT, Luiz. "AIDS e sexualidade", p. 490. Anais do VII Encontro Estudos Populacionais. Caxambu, 1990, v. 3. (Disponível em: www.abep.org.br/rebep) Luiz Mott é fundador do Grupo Gay da Bahia.

"A educação para viver de modo sereno e sério a própria sexualidade, e a preparação para o amor responsável e fiel são aspectos essenciais deste caminho até a plena maturidade pessoal. Ao contrário, uma prevenção que nascesse com inspiração egoísta de considerações incompatíveis com os valores básicos da vida e do amor acabaria por, além de ilícita, ser ineficaz, não acatar o problema em sua raiz. Por isso, a Igreja segura intérprete da lei de Deus e perita em humanidade, empenha-se não somente em pronunciar uma série de 'nãos' a determinados comportamentos, mas sobretudo em propor um estilo de vida plenamente humano para a pessoa"[21].

Na sociedade brasileira, esse discurso se faz representar pela Conferência Nacional dos Bispos do Brasil, a CNBB. Os princípios da abstinência sexual e da fidelidade estão fundados em documentos que são referência para toda a Igreja Católica, especialmente quando são de autoria Papal, pois têm validade perpétua. Segundo o Catecismo da Igreja Católica, "a castidade significa a integração conseguida da sexualidade na pessoa e daí a unidade interior do homem no seu ser corporal e espiritual".[22]

O Cardeal Alfonso López coloca que a castidade supõe uma aprendizagem do domínio de si e das paixões e impulsos, que incentivam ao pecado:

---

[21] João Paulo II. "A Igreja frente ao desafio da AIDS: prevenção e assistência." Discurso aos participantes da Conferência Internacional: "Viver: Por quê? AIDS", 1989. *Apud* Eugênio Rixen, "Religião e Prevenção à AIDS", p. 40, *Viu e teve compaixão... Igreja e AIDS,* Fortaleza, Editora São Miguel, 2002.

[22] "Sexualidade Humana: Verdade e Significado." Conselho Pontifício para a Família. Alfonso Cardeal López Trujillo, presidente do Conselho Pontifício para a Família. Cidade do Vaticano, 8 de dezembro de 1995, n. 4. Disponível em: www.vatican.va (acesso em 7 de junho de 2004).

"A castidade é a energia espiritual que liberta o amor do egoísmo e da agressividade. Na medida em que, no ser humano, a castidade enfraquece, nessa mesma medida o seu amor se torna progressivamente egoísta, isto é, a satisfação de um desejo de prazer e já não dom de si".[23]

Os pais devem educar os filhos para o amor casto e sobre a imoralidade das relações pré-matrimoniais, como preparação para a santidade de vida no matrimônio. O pressuposto mais válido para esta educação é viverem eles mesmos a castidade conjugal, estado que é necessário para a regulação dos nascimentos, baseada em ritmos naturais. Consiste em praticar a continência periódica nos períodos fecundos da mulher e usar do matrimônio nos períodos inférteis.

"Nunca se deve esquecer que a desordem no uso do sexo tende a destruir progressivamente a capacidade de amar da pessoa, fazendo do prazer – em lugar do dom sincero de si – o fim da sexualidade e reduzindo as outras pessoas a objetos da própria gratificação: assim, isto debilita seja o sentido do verdadeiro amor entre o homem e a mulher – sempre aberto à vida – seja a própria família e induz sensivelmente ao desprezo pela vida humana que poderia ser concebida (...)".[24]

Segundo Frei Antonio Moser, a teologia moral deveria ter o corpo como ponto de partida, buscando uma via intermédia entre corporeidade e espiritualidade, pois, segundo ele, "(...) não

---

[23] IDEM, n. 16.
[24] IDEM, n. 105.

podemos deixar de reconhecer também a força destas correntes, que tiveram inegável influxo no pensamento e na prática dos cristãos, sobretudo em termos de sexualidade e de matrimônio".[25] Ao apresentar o antagonismo entre corpo e alma, Moser discorre sobre o dualismo, corrente filosófica e antropológica que influenciou todas as culturas da humanidade. O dualismo de corte materialista exalta o corpo e seus atributos, enquanto que, no corte espiritualista, o corpo é instrumento da alma, da consciência, em detrimento da matéria e de todas as formas de prazer.

Diante da epidemia da AIDS, a CNBB pronuncia-se a favor de uma educação sexual, com uma concepção de sexualidade que requer responsabilidade, fidelidade, amor e matrimônio. A Igreja Católica no Brasil é contrária ao uso dos preservativos, por razões "de ordem moral e dogmática" e por motivos "educativos e pedagógicos que estão na ordem da racionalidade". Assim, argumenta-se, a prevenção baseada no sexo seguro é:

"(...) absolutamente inadequada porque, por um lado, favorece a proliferação da promiscuidade e, por outro, não evita devidamente a contaminação. Desta forma, em vez de se tornar um inibidor da doença, torna-se de fato, um método propagador da mesma. (...) Se as adolescentes e os adolescentes viessem a ser induzidos a pensar que é normal o exercício precoce do sexo, prestar-se-ia um péssimo serviço a uma educação sadia e enriquecedora. (...) sendo a educação afetiva e sexual uma tarefa que compete primordialmente aos pais, a propaganda

---

[25] MOSER, Antônio, diretor-presidente da Editora Vozes. *O Enigma da Esfinge A Sexualidade.* "O suporte antropológico", p. 53.

maciça, iniludível e impositiva sobre o uso de preservativos entre menores, significa uma interferência abusiva num direito inalienável do pátrio poder. (...) como indicam as estatísticas, quando é mal orientada, a própria educação afetiva e sexual propicia o aumento galopante do índice de abortos".[26]

A posição da CNBB é, portanto, de total desacordo com o Programa Nacional de AIDS, porque, segundo a instituição, ele impõe às pessoas um meio de agir sobre a sexualidade e sobre o corpo. Mais do que isso, a proposta de prevenção estimularia a iniciação sexual precoce e o desregramento na conduta sexual, o que vai contra os princípios de moral sexual da Igreja.

"É louvável a preocupação do Poder Público para evitar a propagação da AIDS e a gravidez precoce. Contudo, não lhe parece que o método utilizado seja adequado. Pesquisas científicas mostram que há uma percentagem significativa de infecção, mesmo com o uso do preservativo. Este não oferece garantias totais."[27]

"(...) o uso da camisinha não se justifica, apenas em razão da sua eficiência de 65% ou de 95%. Há que considerar sobretudo seu valor moral. O que é mais da

---

[26] "Programa de distribuição de preservativos." Artigo de Dom de Dom Rafael Llano Cifuentes, responsável pela Pastoral Familiar no Estado do Rio de Janeiro e Bispo Presidente da Comissão Família e Vida da CNBB, sobre o programa de distribuição de preservativos dos Ministérios da Saúde e da Educação. O programa pretende entregar cerca de 235 milhões de preservativos, por ano, para 2,5 milhões de estudantes das escolas públicas do ensino fundamental e médio de todo o país até 2006. Disponível em: www.cnbb.org.br/declaracoes/notacnbb (acesso em 15 de janeiro de 2004).

[27] "Nota da CNBB sobre o programa de distribuição de preservativos nas escolas." Pelo Conselho Episcopal Pastoral, Cardeal Geraldo Majella Agnelo, Presidente da CNBB, publicada em 28 de agosto de 2003. Disponível em: www. cnbb.org.br/declaracoes/notaDistribPreservativosNasEscolas. php (acesso em 15 de janeiro de 2004).

competência da Igreja que do Poder Público. O fato da AIDS ser questão da saúde pública não justifica a campanha indiscriminada em favor do uso da camisinha, incentivadora de um mal maior, a permissividade no uso do sexo que favorece a prática de outros crimes: estupro, adultério..."[28]

A Igreja é constantemente citada como um entrave à execução das políticas públicas de prevenção. Segundo Alexandre Granjeiro, quando a Igreja lança dúvidas sobre a eficácia do preservativo como barreira à transmissão do HIV, ela não está agindo no campo moral e religioso, mas no científico:

"Temos que lembrar que a vacina contra a AIDS ainda está longe de ser descoberta. Não dá para propor abstinência sexual ao mundo enquanto isso não acontece. É preciso encarar sem nenhum preconceito ou juízo de valor a realidade do comportamento sexual das pessoas. Do contrário, qualquer instituição que fale contra o uso do preservativo como forma eficaz de prevenção deve assumir a responsabilidade de estar pondo em risco a sobrevivência da humanidade".[29]

A polêmica do uso do preservativo nos mostra o conflito de discursos contrários entre si e que buscam legitimidade ao tratar da prevenção à AIDS, como vimos, ora no campo mo-

---

[28] Dom Eduardo Koaik, bispo de Piracicaba (SP). "A Igreja e a polêmica da camisinha." Disponível em: www.cnbb.org.br/noticias/questaoaids/IgrejaEpolemicaDacamisinha (acesso em 15 de janeiro de 2004).

[29] Alexandre Granjeiro, diretor do Programa Nacional de DST/AIDS do Ministério da Saúde. Disponível em: www.agenciaaids.com.br

ral, ora no campo científico. Os pronunciamentos da Igreja Católica sobre a AIDS formam um campo de interpretação sobre a doença, todavia não se pode dizer que exerça influência suficientemente forte sobre a política pública de prevenção à AIDS, já que o Ministério da Saúde nunca deixou de veicular uma campanha em razão da oposição da Igreja ao uso do preservativo.

Sobre sua proposta de prevenção a favor da abstinência sexual e da fidelidade sobre a atitude das pessoas de um modo geral, acreditamos que tenha pouca influência sobre aqueles que não são católicos. Ora, a questão da licitude moral do preservativo somente se apresenta a quem segue as orientações morais da Igreja, por convicções que não passam pela questão da prevenção à AIDS. Por esta razão, torna-se difícil acreditar que a Igreja seja responsável pelo aumento de infecções pelo HIV. E talvez sua estratégia de apontar a ineficácia quanto ao uso dos preservativos tenha o significado de atingir os "infiéis".

A Igreja desaconselharia o uso do preservativo, ainda que ele fosse absolutamente seguro. O método de prevenção às DST/AIDS torna-se problemático para a Igreja porque ele infringe a lei da natureza humana:

> "A lei natural determina que existe um vínculo inseparável entre a relação sexual e a transmissão da vida. Romper artificialmente essa união – como acontece no caso do preservativo – representa uma grave infração dessa mesma lei natural".[30]

---

[30] Carta às Famílias do Brasil. "O fundamento da posição da Igreja", p. 8. Publicada em 12 de novembro de 2003. Dom Rafael Llano Cifuentes.

Esse princípio está fundamentado em documentos da Igreja, como na Encíclica *Humanae Vitae*, do Papa Paulo VI:

> "Esta doutrina, muitas vezes exposta pelo Magistério, está fundada sobre a conexão inseparável que Deus quis e que o homem não pode alterar por sua própria iniciativa, entre os dois significados do ato conjugal: o significado unitivo e o significado procriador. (...) Usar deste dom divino, destruindo o seu significado e a sua finalidade, ainda que só parcialmente, é estar em contradição com a natureza do homem, bem como com a da mulher e da sua relação mais íntima (...) É, ainda, excluir toda a ação que, ou em previsão do ato conjugal, ou durante a sua realização, ou também durante o desenvolvimento de suas consequências naturais, se proponha, como fim ou como meio, tornar impossível a procriação. (...) Considerem, antes de mais, o caminho amplo e fácil que tais métodos abririam à infidelidade conjugal e à degradação da moralidade".[31]

Paulo VI considera que o homem fez progressos admiráveis no domínio e na organização racional das forças da natureza, e esse domínio se estende à sua vida psíquica, à sua vida social e ao seu corpo. Entretanto, segundo o Papa, em se tratando de procriação, os homens não são livres para procederem segundo sua vontade ou razão. De modo que a Igreja ensina que qualquer ato conjugal – leia-se ato sexual – deve permanecer aberto à transmissão da vida e em conformidade com os ritmos biológicos do organismo.

---

[31] Carta Encíclica *Humanae Vitae,* de Sua Santidade o Papa Paulo VI, sobre a Regulação da Natalidade, 25 de julho de 1968. N. 12, 13, 17. Disponível em: www.vatica.va (acesso em 6 de julho de 2004).

A reprodução humana é revestida de um tal significado para a doutrina da Igreja, dado que não se admitem as diferentes apropriações da reprodução pelas sociedades. Sob este ponto de vista, a reprodução é um ato essencialmente biológico, não sendo passível de qualquer intervenção cultural.

A excessiva preocupação da Igreja com uma política de prevenção, centrada no preservativo, reflete sua histórica atenção com a saúde reprodutiva. Na *Humanae Vitae*, os métodos de regulação artificial da natalidade, como o preservativo, são considerados ilícitos por infringirem a lei da natureza humana. Nos pronunciamentos da CNBB, as justificativas para essa posição baseiam-se no aumento do que considera comportamento de risco para o HIV, como o estímulo à atividade sexual promíscua, que pode ter como conseqüência o adultério e o aumento do número de abortos.

O fato é que a AIDS pode desestabilizar por completo a vinculação da sexualidade com a reprodução. Segundo Giddens, a socialização da reprodução faz parte de um rompimento cada vez mais radical das instituições da modernidade com a tradição; a consequente dissolução dos traços morais e éticos provoca modificações e reestruturações na sexualidade e na atividade social anteriormente relacionadas à transcendência, à natureza e à reprodução. "Enquanto o comportamento sexual estava ligado à reprodução e às gerações, a 'sexualidade' não possuía existência independente."[32]

---

[32] GIDDENS, Anthony. "A Transformação da Intimidade." Sexualidade, amor e erotismo nas sociedades modernas. "Sexualidade, repressão, civilização", p. 193.

Giddens refere-se às sociedades modernas como sociedades pós-tradicionais, em que grandes áreas da vida de um indivíduo não são mais orientadas por padrões sociais e hábitos pré-existentes. Embora o autor não explicite, consideramos a moral cristã como um importante elemento da tradição, que hoje deixa de atingir as pessoas de forma unívoca e universal.

O envolvimento dos franciscanos

Não devemos esperar que uma Pastoral da CNBB tenha divergências extremadas em relação à teologia moral da Igreja Católica. Conforme Dom Eugênio Rixen, presidente da Pastoral da AIDS:

"Ainda hoje o melhor remédio contra a transmissão do HIV/AIDS é a fidelidade matrimonial e a castidade. (...) A castidade não é a abstinência sexual, mas o bom uso dela em função de sua finalidade, seja no celibato, seja no matrimônio".

Segundo Dom Eugênio Rixen, a AIDS nos obriga a revermos e aprofundarmos nossos conceitos a respeito da sexualidade; por isso, ele propõe uma ética sexual humanizante:

"Está na hora de se perguntar o 'porquê' da sexualidade, qual é a sua finalidade. (...) Sexualidade tem a ver com relacionamento e com procriação. (...) O instinto sexual não é uma fatalidade, o ser humano é chamado a humanizar sua sexualidade. (...) Sexo tem a ver com amor e não simplesmente com prazer".

Como podemos observar nas colocações de Dom Eugênio Rixen, estas denotam uma continuidade com o pensamento da CNBB a respeito de prevenção à AIDS. Porém, Frei José Bernardi, secretário executivo da Pastoral de DST/AIDS, propõe uma nova teologia da sexualidade:

> "O exercício da sexualidade tem se desvinculado do ato de procriar, embora a Igreja insista em ligá-lo à procriação. É preciso propor uma nova teologia da sexualidade, bem como do seu exercício, longe da moralização, da noção de pecado, de sujeira, do que é privado. É preciso descobrir o valor fecundo da sexualidade, para além da procriação".[33]

Quanto à abstinência como método de prevenção à AIDS, coloca Frei José Bernardi: "Ora, nem todos estão preparados para um tal exercício e para a aceitação e incorporação de tais métodos"[34]. Segundo o Frei, a Igreja não deve deixar de pregar o seu ideal, contanto que ele não seja paralizante, isto é, que o fato de alguém não conseguir viver como o ideal sonhado signifique que ele precise estar excluído do convívio cristão. Há efeitos negativos tanto em um clima sexual liberal, como em uma pregação moral que só vê problemas no campo da sexualidade.

Frei Luis Carlos Susin, por sua vez, falando em nome de uma cultura da comunhão, critica a prevenção que pressupõe um "combate através de barreiras", sobre o qual o preservativo torna-se o símbolo, e que cria a expectativa de que qualquer "outro" é virtualmente perigoso:

---

[33] Frei José Bernardi. "Os desafios pastorais da AIDS", p. 29. *Viu e teve compaixão... Igreja e AIDS,* Fortaleza, Editora São Miguel, 2002.

[34] Frei José Bernardi, *op. cit.*, p. 29.

"Mesmo a utilização de 'preservativos', uma espécie de 'mal menor', precisa ser enfocada dentro de uma cultura evangélica de cuidado e responsabilidade para com o outro, não propriamente de 'autopreservação', protegendo-se do outro".[35]

Podemos entrever também entre os pronunciamentos de alguns bispos, principalmente quando feitos fora da comunicação oficial através de documentos e notas, contradições com o pensamento da CNBB, como este de Dom Paulo Evaristo Arns:

"Nunca falei contra o uso de preservativos. Isso se deve deixar para as pessoas decidirem. O que a gente sempre diz é que você não deve prejudicar nem a si nem muito menos ao outro. Muito menos, porque você está matando. Então, como diz a moral desde o começo da humanidade, se você tiver de escolher entre dois males, escolha o menor. Se você usa a camisinha, este é o menor mal. Senão você mata, e você não é doido de matar, é? (trecho da entrevista concedida por Dom Paulo ao Jornal *Folha de S.Paulo,* 16.4.95).[36]

Numa clara alusão aos portadores do vírus HIV, Dom Paulo considera lícito o uso de preservativo nas relações sexuais desses indivíduos com pessoa que é soronegativa para o HIV; ainda de certa forma preconceituosa ao estabelecer o elo entre a AIDS e a morte, justifica-se dizendo que 'senão você mata'. É

---

[35] Frei Luiz Carlos Susin. "AIDS como metáfora: ambivalências antropológicas e teológicas", p. 67. *Viu e teve compaixão... Igreja e AIDS,* Fortaleza, Editora São Miguel, 2002.

[36] Galvão, Jane. "As respostas religiosas frente à epidemia de HIV/AIDS no Brasil." *Políticas, Instituições e AIDS,* p. 131.

claro que declarações como essa influenciam as atitudes, principalmente de católicos que trabalham com a defesa pelos direitos dos portadores do vírus HIV.

Os discursos tanto de Frei José Bernardi, quanto de Frei Luis Carlos Susin, indicam uma flexibilização diante da doutrina sobre moral sexual da Igreja Católica. Se compararmos ao discurso de Dom Eugênio Rixen, os frades capuchinhos partilham de uma visão consideravelmente mais progressista. Certamente, o cargo de bispo de Dom Eugênio exige que este esteja em conformidade com as diretrizes da CNBB, de modo que ele se torna porta-voz da Igreja no Brasil. Frei José Bernardi também é um religioso que representa a Igreja; no entanto, o seu trabalho com os portadores do vírus HIV parece propiciar-lhe situações em que sua própria formação religiosa é revista.

Os religiosos que estão na coordenação da Pastoral, frei José Bernardi e frei Luiz Lunardi, fazem menção recorrente ao seu trabalho na Casa Fonte Colombo – Centro de Promoção da Pessoa Soropositiva – HIV, mantido pela Sociedade Literária São Boaventura, em Porto Alegre:

> "Do encontro cotidiano com pessoas soropositivas, seja no atendimento na Casa Fonte Colombo, seja nas periferias de Porto Alegre onde se fazem campanhas de orientação e prevenção, bem como trabalhos de formação e informação em escolas, grupos de jovens, de casais, de mulheres, de agentes de pastoral, brotam as reflexões que aqui partilhamos".[37]

---

[37] José Bernardi. "Os desafios pastorais da AIDS." *Viu e teve compaixão... Igreja e AIDS,* Editora São Miguel, Fortaleza, 2002.

O Centro Franciscano de Luta contra a AIDS[38] foi fundado em 1994, por frei Reynaldo Ungaretti Ameixeira, ele mesmo um portador do vírus HIV. Sua inspiração está no acolhimento de São Francisco aos hansenianos de sua época, que se atualiza no portador e doente de AIDS:

> "Pois em quem mais se daria a atualização do beijo de São Francisco de Assis senão com aqueles que sofrem de um mal incurável e foram privados, não apenas da saúde física, mas da saúde emocional, afetiva, desnudados por uma sociedade e por um vírus da incompreensão, do medo, do preconceito e, pior, da indiferença?"(Carta aos confrades).[39]

Os assistidos que chegam ao Cefran são provenientes das camadas sociais mais baixas, de modo que a maioria tem renda igual ou pouco maior que um salário mínimo; quase 20% são analfabetos ou estudaram até a 5ª série do ensino fundamental.[40] Frequentando a casa, participando ao menos de um grupo uma vez por semana, os soropositivos recebem uma cesta

---

[38] Realizei uma pesquisa de campo no Cefran, que oferece aos soropositivos a participação em grupos de vivência e discussão, com temas como "espiritualidade", "sexualidade", "mães", "cidadania", "adesão ao tratamento", "atenção especial" – voltado para as pessoas com complicações de saúde, como doenças oportunistas e depressão, "leitura", "HSH" – homens que fazem sexo com homens, "dinâmica corporal", "teatro", "adolescentes" e "mulheres". O Cefran faz parte de um conjunto de dez obras sociais do Serviço Franciscano de Solidariedade, localizadas na cidade de São Paulo. Atualmente, seu coordenador é um leigo, Odonel Ferrari Serrano, e frei Mário Tagliari faz a supervisão da entidade, mantida por doações e pela Província Franciscana da Imaculada Conceição do Brasil. Participei dos grupos de HSH e de espiritualidade, durante os meses de outubro, novembro e dezembro de 2004.

[39] BOLETIM CEFRAN, Ano IX, n. 26, 2º quadrimestre/2004.

[40] IDEM.

básica mensal, além do litro de leite diário. O Cefran também conta com uma farmácia, em que os assistidos podem dispor de medicamentos e de uma cota de preservativos. Algo que chama a atenção é um cartaz colado na porta ao lado da biblioteca, que diz: "Camisinha. Use e confie", que foi o tema da última campanha de prevenção do Ministério da Saúde no Carnaval, ilustrado por uma camisinha cheia d'água e com um peixe dentro, enfatizando a eficácia do preservativo contra a transmissão do vírus HIV.

O Cefran tem a missão de melhorar a qualidade de vida de pessoas vivendo com HIV/AIDS em situação de pobreza e exclusão social através de cursos como alfabetização de adultos, informática, artesanato, culinária, qualificação profissional e incubadora de negócios, que buscam gerar motivação e preparo para a volta ao mercado de trabalho e criar oportunidades de geração de renda. A realidade da vulnerabilidade social de pessoas soropositivas que os religiosos franciscanos encontram norteia seu campo de atuação e, de certa forma, sua missão diferenciada, como a coloca frei Reynaldo:

> "(...) todo o empenho do Cefran deverá estar voltado a aparar os espinhos, esvaziar as angústias e inquietudes, dar sentido à vida, apesar das dificuldades e da dor. Queremos, de modo gratuito e acolhedor, nos usar de todos os recursos para mostrar a quem sofre a face de um Deus que convida a atitudes diárias de ressurreição!"[41]

---

[41] IBIDEM.

O grupo de espiritualidade

No grupo coordenado pela Irmã Isabel, sob o nome de "espiritualidade",[42] oferece-se uma oportunidade privilegiada para a atuação da religião, ao se propor "um sentido à vida" e uma explicação para o sofrimento. Nos termos como os coloca Geertz:

> "(...) como problema religioso, o problema do sofrimento é, paradoxalmente, não como evitar o sofrimento, mas como sofrer, como fazer da dor física, da perda pessoal, da derrota frente ao mundo ou da impotente contemplação da agonia alheia, algo tolerável, suportável – sofrível, se assim podemos dizer".[43]

Em uma ocasião, Irmã Isabel propôs que os assistidos de seu grupo assistissem ao filme sobre a vida de Francisco de Assis. Sabe-se que o santo, canonizado pela Igreja Católica, recusou a riqueza de sua família e fundou uma ordem religio-

---

[42] O grupo de espiritualidade é comumente coordenado por um religioso franciscano no Cefran. Atualmente, Irmã Isabel Simeoni é quem o coordena, uma religiosa que faz parte da Congregação das Irmãs Franciscanas de Ingolstadt. Devido à grande procura dos assistidos, o grupo se dividiu, de modo que acontecem dois grupos de espiritualidade por semana no Cefran. Ao chegar na entidade, os assistidos mostram a carteirinha do Cefran, onde é anotada sua presença, condição para receberem a cesta básica no fim do mês. Também recebem uma senha para que possam comer um lanche antes do grupo. O grupo era formado por dez soropositivos, com idades que variam entre os 25 e os 60 anos, entre homens e mulheres, os quais se reuniam em círculo em uma sala reservada para o grupo. Irmã Isabel propôs, nos grupos que participei, que assistissem a filmes de cunho religioso, e que ouvissem uma pregação de Dom Hélder Câmara, um bispo católico. A religiosa sempre estimulava que os assistidos se colocassem, o que frequentemente faziam a partir de relatos de experiências pessoais, de forma que as colocações iam tomando a forma de uma conversa. Ao final, todos se levantavam, dando as mãos, para rezar o Pai-nosso.

[43] GEERTZ, Clifford. "A religião como um sistema cultural" in *A Interpretação das Culturas*.

sa, que segue os votos de pobreza, obediência e castidade. Durante o filme, especialmente, fica evidente a eleição de Francisco de Assis pelos doentes marginalizados de sua época, os hansenianos. Os soropositivos fizeram uma comparação entre a discriminação dos que sofriam de hanseníase na época de Francisco de Assis e o preconceito que sofrem por viverem com o HIV. Segundo eles, existe o preconceito daqueles que se afastam, mesmo aqueles que são da família ou que eram amigos e, portanto, existe o medo de se assumirem enquanto soropositivos para as pessoas; e o medo de contaminar que eles mesmos sentem, ao evitar, por exemplo, que seus filhos usem o mesmo banheiro, que precisa de limpeza constante, como a senhora que relatou que gasta quarenta litros de água sanitária por mês.

Ao se identificarem com o preconceito que sofriam os leprosos, os soropositivos acionam um conjunto de representações, como a moralização da doença, que criam os estigmas, que no caso da AIDS, vão além do medo do contato físico, identificando os soropositivos como "promíscuos", "pecadores" ou como mesmo dizem, "aqueles que tem o bichinho da goiaba". O espaço onde falavam sobre suas experiências se mostrou como um lugar único, em que os soropositivos podiam expressar-se sem ter receio da reação dos outros, conforme relataram; um espaço onde podiam ser, em última instância.

A resposta para o medo do contágio é o isolamento, o distanciamento, mesmo que simbólico, daqueles que pegaram a doença. Notadamente, os leprosos são isolados desde os tempos antigos, passando pela Idade Média, até a contemporaneidade. Em relação à AIDS, como afirma Tronca, "(...) não chega a ser novidade a defesa que vários governos e setores sociais fazem hoje de submeter a um isolamento absoluto os portadores do HIV".[44]

De modo mais amplo, podemos visualizar no envolvimento dos franciscanos com os soropositivos a atualização da identidade da ordem religiosa com o doente marginalizado:

> "Com certeza, você perceber naquele que não tem voz, não tem vez, que é desprovido daquilo que mais lhe é necessário, não o dinheiro, mas que seja a questão do carinho, do afeto, do acolhimento. Porque o que mais mata é o preconceito, e não é o vírus; então você pode matar uma pessoa e deixar ela viva a partir do momento que você não olha para essa pessoa, que você ignora essa pessoa, por ela ser portadora de alguma coisa. Tanto na época de Francisco, como agora a gente vive uma mesma situação, o preconceito é o que mais exclui, o que mais mata" (Irmã Isabel Simeoni, em entrevista).[45]

Do ponto de vista de uma história cultural, há uma integração entre a lepra e a AIDS, já que o imaginário social e as representações construídas sobre ambas compartilham da mesma *epistéme*, da mesma sensibilidade, dos mesmos medos, conforme nos fala Tronca. De fato, essas representações remetem as causas da doença de "leprosos" e "aidéticos" aos vícios e ao comportamento lascivo dos considerados mais vulneráveis, como a prostituição e a promiscuidade sexual:

---

[44] TRONCA, Ítalo. "Sexualidade e doença", p. 114. *As Máscaras do Medo: Lepra e AIDS*. Campinas, SP, Editora da Unicamp, 2000.

[45] Irmã Isabel concedeu-me uma entrevista com a permissão consentida de um gravador, no dia 20 de dezembro de 2004.

"Independentemente do mérito circunstancial desses julgamentos, a reverberação dessas representações e imagens com a tradição alegórica cristã, que via no contágio uma manifestação da punição divina por pecados cometidos, conduz ao outro grande tema organizador do modo alegórico envolvendo as doenças: a sexualidade ou a luxúria, sua manifestação moralizada".[46]

A relação que se tece entre sexualidade e enfermidade, como acontece com as doenças que estigmatizam, representam um afrontamento para os religiosos que tomam a assistência aos seus doentes como sua missão. No caso da AIDS, os franciscanos estão diante de seus "assistidos", aqueles a quem a moral católica identifica como "pecadores":

"Se eles têm a certeza de como adquiriram, se a gente for dizer, na linguagem de católica, que eles podem ter tido uma relação fora do casamento, ou relações sem prevenção, sem o sexo seguro, exatamente por isso que eles vão se sentir como pecadores, vão sentir que Deus castiga: eu errei, então Deus me mostrou que não era para eu fazer isso. Muitos falaram isso. A gente tenta reverter esta situação, que é mostrar que Deus não é um Deus que castiga, se ele é o Deus da vida, como ele vai querer uma coisa que te leva à morte? Eles, a princípio pensam no Deus que castiga pelo vírus" (Irmã Isabel, em entrevista).

---

[46] TRONCA, Ítalo, *op. cit.,* p. 61.

Se o soropositivo não é o pecador que precisa ser convertido, então a "religiosidade" ou a "espiritualidade" oferece-se para ele como uma oportunidade de reinterpretar sua própria condição de doente de AIDS. Como colocou Irmã Isabel, os soropositivos não devem atribuir as causas de sua infecção a um suposto castigo divino por comportamentos imorais.

Mas qual é o significado de Deus em sua vida, especialmente depois que recebeu a notícia da soropositividade? Esta é a pergunta que a religiosa franciscana colocou algumas vezes para os soropositivos. A história de Eleonora tornou-se um exemplo para a entidade de como a figura de Francisco de Assis pode transformar a vida dos soropositivos:

> "Esta dona de casa viveu a infidelidade e violência em seus três casamentos. A descoberta da soropositividade aumentou sua descrença em Deus que lhe parecia rude e impiedoso. Eleonora disse ter vindo para o Cefran motivada pelo auxílio da cesta básica, no começo não tinha vontade de falar com ninguém. Participou do grupo de mães e depois o de leitura, que naquele semestre leu a biografia de Francisco de Assis. 'Aquilo não tinha nada a ver comigo, eu achava que ele era um Santinho que nasceu Santinho.' Eleonora conta que sua mudança começou a acontecer quando percebeu que Francisco perdoou o pai, mesmo que aquele desejasse outro futuro para ele. No dia do aniversário da entidade, os assistidos do Cefran foram assistir à peça 'Francisco e Clara', em que Eleonora disse ter se emocionado muito e decidido ir ter com sua mãe para pedir perdão e terminar uma longa briga. Eleonora, depois de um pouco mais de um ano no Cefran, não carrega mais o sarcasmo e a descrença diante da vida, seu sorriso não nos deixa men-

tir, está mudando sua vida. Ela passou a participar da Igreja Adventista e a evangelizar em hospitais públicos. Ouviu uma frase que lhe marcou do religioso de sua Igreja: 'não importa como você esteja, você pode voltar".[47]

Porque a AIDS envolve o sofrimento de uma doença incurável e o medo, além de reincorporar preconceitos, a religião pode acolher o soropositivo e lhe fornecer uma nova referência explicativa. Muitas pessoas, ao se descobrirem portadoras do vírus HIV, encontram na religião uma "terapia religiosa", como coloca Figueira,[48] como um novo referencial que lhes possibilita reorganizar sua vida:

> "A Igreja nos ajuda muito porque se você está lá, a parte psicológica da gente é totalmente diferente; aquilo que você fazia antigamente, você não faz mais. Eu dançava a noite toda, saía para os bailes, saía para as boates para dançar; hoje parou tudo, nós regredimos tudo, nós adaptamos para uma vida melhor para nós. Então, a Igreja nos ensina a regredir, a largar aquilo que nós fazíamos de errado e pegar o outro caminho certo; a gente tem apoio da Igreja para não fazer essas coisas erradas mais, então o pastor ensina, prega tudo certinho" (M.S.I.G., soropositivo, 30 anos).[49]

---

[47] "O Encontro com Francisco" in BOLETIM CEFRAN, Ano IX, no. 26, 2o quadrimestre/2004.

[48] Sônia Maria de Almeida Figueira. *Entre o Corpo e a Alma: as inter-relações do campo sanitário com o campo religioso.* Tese de doutorado apresentada ao Departamento de Prática de Saúde Publica da Faculdade de Saúde Pública da Universidade de São Paulo. São Paulo, 2003.

[49] Entrevista realizada na Oficina Terapêutica do Papel Reciclado, serviço oferecido aos soropositivos que fazem seu tratamento no Hospital de Clínicas da Unicamp; durante o mês de abril de 2004.

A cura das doenças é explicitamente oferecida pelas igrejas pentecostais, como diz Figueira. De fato, as religiões sempre associaram de maneira bem estreita o conceito de salvação ao de bem-estar. Ainda que o soropositivo não fique curado de sua doença, a cura que o pastor oferece é espiritual, de forma que ele sente que pode conviver com o mal de outra maneira, "não mais como um enfermo", mas como um ser humano. Ser um "doente de AIDS" é ter uma identidade definida em nossa sociedade, hoje. Os religiosos franciscanos, ao se reportarem aos soropositivos ou ao falar deles, articulam o tempo todo as identidades do "assistido" pela entidade e do "pecador" que os soropositivos assumem.

2

Homossexualidade e AIDS

A identificação dos primeiros casos de AIDS em indivíduos homossexuais masculinos com intensa atividade sexual vai marcar a interpretação da doença pelo discurso científico e, a partir daí, pela imprensa e pelo imaginário social, ao relacionar suas causas ao comportamento dos doentes.

No Brasil,[50] os dois primeiros casos de AIDS foram diagnosticados em 1982, no município de São Paulo. Sabe-se que estes pacientes possuíam prática homossexual, sendo que um residia em um bairro central de classe média-alta e o outro em Nova York. Para Granjeiro, o que chama a atenção é o fato de constar na ficha de investigação epidemiológica que um destes pacientes era usuário de droga endovenosa. Este caso se enquadrava no estereótipo homossexual, em conformidade com o imaginário social do entendimento do padrão epidemiológico dos primeiros anos da epidemia, ou seja, que define

---

[50] GRANJEIRO, Alexandre, "O perfil socioeconômico dos casos de AIDS da cidade de São Paulo", p. 93. *A AIDS no Brasil (1982-1992).* Rio de Janeiro, Relume-Dumará: ABIA: IMS, UERJ, 1994 (História Social da AIDS, n. 2).

que o grupo de risco é circunscrito à prática homossexual, de uma pequena parcela de homens que mantêm relações com outros homens.

Assim, os casos diagnosticados que não correspondem ao imaginário social, como os de usuário de drogas injetáveis, deixaram de ser conhecidos. Criou-se uma rede de significados que associou a homossexualidade e a promiscuidade como causas possíveis de uma doença, chamada de "câncer gay". Desde o princípio, a AIDS seria então identificada mais por suas "qualidades" morais, que por suas características médicas. Tronca sugere que para a AIDS é construído um universo sombrio e terrível, através das imagens da sujeira, da perversão e da antinaturalidade conferidas ao "homossexualismo". "O sentido alegórico é unívoco: o homossexualismo leva à infidelidade, à doença e à morte."[51] Segundo o autor, a epidemia da AIDS desvelou a ignorância, o preconceito e o medo no discurso científico acerca da diversidade e dos traços exóticos do desejo da cultura gay, o que levou à construção de um hipotético saber sobre o corpo do homem homossexual e sobre a relação sexual que permitia a transmissão do vírus HIV de um homem para outro homem. "(...) historicamente, nossa época representa a sexualidade nos parâmetros instituídos no século XIX, momento em que o homossexualismo passa por um processo decisivo de medicalização, classificado como patologia".

---

[51] TRONCA, Ítalo. "Sexualidade e doença", p. 114. *As Máscaras do Medo: Lepra e AIDS.* Campinas, SP, Editora da Unicamp, 2000.

Como afirma Terto,[52] a vulnerabilidade dos homossexuais ao HIV está reforçada pelo estigma, pela posição de discriminação e marginalidade da homossexualidade na sociedade. Luiz Mott acredita que os cristãos têm uma responsabilidade histórica na manutenção do preconceito e discriminação gay. O que, segundo ele, acentua-se com a interpretação religiosa sobre a doença, através de discursos que revelam certa homofobia, ao falar da intolerância de Deus e da Natureza para com o "homossexualismo" e outras práticas sexuais. Ainda que se reportem à caridade e ao respeito com que devem ser tratados os homossexuais, a hierarquia católica não vilipendia o que considera ser o traço "anormal" da homossexualidade, em seus depoimentos:

> "O homossexualismo, doença ou desvio voluntário, busca reivindicar foros de normalidade. Em busca de liberdade, propõe-se algo exatamente ao contrário, a libertinagem. O pudor é rejeitado, e as mais baixas aberrações sexuais servem como objeto de anúncios. E podia continuar citando uma série de desvarios, incluindo postulados defendidos por um falso feminismo... Violentada, a Natureza se vinga, e quando o faz, é terrível... E cai como um raio na humanidade o perigo da AIDS... Quando o amor de Deus, manifestado na obediência a seus preceitos é vilipendiado, o chicote de um novo perigo de vida acorda os recalcitrantes..." (Dom Eugênio Sales)[53]

---

[52] TERTO JR, Veriano. "Homossexuais soropositivos e soropositivos homossexuais: questões de homossexualidade masculina em tempos de AIDS." *Sexualidades Brasileiras.* Richard Parker e Regina Maria Barbosa (orgs.) Rio de Janeiro: Relume-Dumará: ABIA:IMS/UERJ, 1996.

[53] Jornal do Brasil, 27 de julho de 1985. In MOTT, Luiz, "AIDS: reflexões sobre a sodomia". Mott é fundador do Grupo Gay da Bahia.

"É justamente no discurso que vem a se articular saber e poder." Foucault coloca que o discurso complexo e instável sobre o sexo articula o instrumento e o efeito de poder, como também a resistência, a estratégia oposta. Ora, precisamente as formas e imagens sobre as práticas homossexuais de que se apropria tanto o discurso científico, como o religioso, têm a pretensão do controle social sobre a homossexualidade. Através de uma série de discursos na psiquiatria, na jurisprudência e na própria literatura, o ápice do controle nessa região de "perversidade" deu-se no século XIX e, podemos dizer, que este objetivo atualiza-se nas relações de poder que estão presentes nas representações da AIDS. Por outro lado, o dispositivo de sexualidade, ao assumir o controle sobre a sexualidade, possibilita a sua própria produção.

Com a AIDS, nossa sociedade heterossexista afirmou seus valores diante de uma doença para a qual foi construído um comportamento de risco, vinculado à prática do sexo anal. Discursos como o de Pe. Trasferetti, que já escreveu sobre a importância de uma pastoral com homossexuais, influenciam um entendimento mais flexível quanto à homossexualidade:

"A doutrina da Igreja não aprova as práticas homossexuais como práticas naturais; sempre usa o termo 'práticas antinaturais', ou então atos desordenados. A doutrina oficial é: se uma pessoa é homossexual e quer continuar sendo cristão, deve assumir a homossexualidade, mas viver a castidade, ou seja, dominar sua libido, seu instinto, seu desejo sexual. No entanto, aqueles que têm essa orientação sexual, mesmo os cristãos, não aceitam essa teoria. Acham que têm corpo, que são seres humanos, que têm sexualidade, que Deus criou a homossexualidade. (...) Eu defendo que é preciso ter muito carinho, muito respeito, muito amor com os homossexuais. Eu defendo a linha da cidadania dos homossexuais, isto é, cuidar dos direitos dos homossexuais enquanto cidadãos. (...) Não merecem discriminação, violência e agressão por parte da sociedade" (Pe. Trasferetti, em entrevista).

A homossexualidade constitui para a Igreja e para a moralidade cristã, de um modo geral, o grande pecado contra a natureza. No jogo dos discursos de poder que enunciam a perversidade, estão as "práticas antinaturais" e "atos desordenados" e, a reação: "acham que têm corpo, que Deus criou a homossexualidade". Quanto a isso, esclarece-nos Foucault:

> "(...) a homossexualidade pôs-se a falar por si mesma, a reivindicar sua legitimidade ou sua 'naturalidade' e muitas vezes dentro do vocabulário e com as categorias pelas quais era desqualificada do ponto de vista médico. Não existe um discurso do poder de um lado e, em face dele, um outro contraposto".[54]

Segundo ele, a sexualidade permanentemente suscitada na sociedade contemporânea faz parte de um sistema de poder que funciona não apenas através dos desvios, mas também graças à incorporação destes a estruturas mais amplas.

Segundo Mott, a AIDS vem conferindo aos homossexuais um reconhecimento social e respeitabilidade inimagináveis em décadas anteriores:

---

[54] Foucault, *op. cit.*, p. 96.

"De principais vítimas do HIV, os gays, e sobretudo o Movimento Homossexual, tornam-se cada vez mais, não só os principais experts e divulgadores do sexo sem risco, como os maiores aliados dos órgãos públicos no combate e atendimento dos portadores desta síndrome".[55]

Esses se tornam cada vez mais os principais conhecedores do sexo sem risco, o que se reflete na gradativa diminuição da incidência dos casos de AIDS entre os homossexuais.[56] Fortaleceu-se também o movimento homossexual, já que grande parte das ONGs/AIDS surgidas no Brasil, nos anos 80, foram fundadas por homossexuais, envolvendo-se com questões relacionadas aos direitos civis e à construção e vivência da sexualidade e da alteridade.

Terto[57] valoriza as iniciativas de organização de grupos de auto-ajuda e ativismo que tentam desconstruir a "AIDS dos homossexuais" e suas conotações de pecado, desvio e promiscuidade, que marcaram, principalmente, o início da epidemia. Tanto ou mais do que a busca de uma identidade homossexual, a procura de recursos para administrar todas as questões que a epidemia impõe evidenciam-se como fatores de aglutinação dos homossexuais, soropositivos ou não.

---

[55] IDEM, p. 495.

[56] A tendência à estabilização da incidência da doença é observada entre os homens, que registrou, em 2003, 22,6 casos por 100 mil homens, menor do que a observada em 1998, de 26,3 por 100 mil. Os casos masculinos devido à transmissão pelo uso de drogas injetáveis continuam a decrescer, os casos devido à transmissão homo/bissexual mantiveram-se estabilizados em cerca de 26%, e aqueles casos devido à transmissão heterossexual continuam com tendência crescente. "Dados de AIDS" em *Dados e pesquisas em DST/AIDS.* Disponível em: www.aids.gov.br (acesso em 3 de fevereiro de 2005).

[57] TERTO JR., Veriano. *Op. cit.*, p. 98.

"É nesta inserção que reside, muitas vezes, a força para enfrentar coletivamente os desafios e de onde surge a solidariedade como idéia de compartilhar e participar, direta ou indiretamente, de uma história comum".[58]

"Homens que fazem sexo com homens"

A sigla HSH, "homens que fazem sexo com homens", é tradicionalmente empregada pelo discurso médico-científico para se referir a um conjunto de práticas sexuais e a certo estilo de vida dos homossexuais masculinos. Em tempos de epidemia da AIDS, torna-se expressão recorrente de ativistas governamentais ou não, ao dirigirem suas políticas de prevenção a este grupo específico, embora não mais considerado um "grupo de risco".

"HSH" é o nome de um grupo de vivência do Cefran,[59] Centro Franciscano de Luta Contra à AIDS, que reúne soropositivos ho-

---

[58] IDEM, p. 101.

[59] No grupo de HSH – "homens que fazem sexo com homens" – todos os participantes eram soropositivos homossexuais, que escolheram frequentar o grupo, dentre os outros que a entidade oferece. Participando do grupo, que acontece uma vez por semana, com a duração de uma hora e meia, os assistidos, como são chamados pelos funcionários da entidade, contavam presença para receber o leite diário e a cesta básica no fim do mês. São permitidas duas faltas no mês, sendo que uma delas deve ser justificada, para que o assistido não perca a vaga; o Cefran conta com uma grande fila de espera. Os assistidos podem frequentar a entidade todos os dias, isto é, participar de outros grupos, como alguns relataram que o fazem. Especificamente neste grupo de HSH, a dinâmica consistia na reunião em círculo de cerca de doze assistidos, após tomarem juntos o café oferecido pela entidade, a reunião começava às nove horas da manhã. O coordenador do grupo, o Sandro, que trabalha com prevenção à AIDS na prefeitura de São Paulo, também ele homossexual, propunha temas genéricos a serem discutidos no grupo, como "amor", "sexo", "religião", "dinheiro", através da leitura de textos de psicanalistas ou de histórias de vida de homossexuais. A participação dos assistidos era estimulada por Sandro quase sempre com perguntas pessoais aos presentes, que não hesitavam em falar de suas opiniões e de suas experiências sexuais e relacionamentos. Eu participei por dois meses das reuniões do grupo de HSH, como observadora participante, já que eu também era estimulada a dar opiniões sobre os temas discutidos. Os assistidos devem permanecer no grupo por seis meses, quando têm que escolher outro grupo para participar, ainda que possam continuar frequentando seu grupo anterior de maneira opcional.

mossexuais. Considero a existência deste grupo em uma entidade católica muito significativa, se nos determos ao fato de que o grupo não tem qualquer objetivo proselitista e dentre os participantes estão católicos, evangélicos e até um adepto da Igreja GLS, ainda que na entidade aconteçam missas mensais. O coordenador fala, de certa forma, a linguagem daqueles que estão no grupo, como a prática do sexo seguro em uma relação homossexual, chegando ele mesmo a distribuir preservativos em uma reunião. Os soropositivos encontram oportunidades para socializar os dilemas individuais e as consequências e ameaças trazidas pela epidemia:

> "Eu estava muito deprimido quando recebi o resultado da soropositividade há quatro anos e fui convidado por amigos, se não ia enlouquecer. Participar dos grupos, em especial do 'adesão ao medicamento', foi importante para saber que a AIDS não é um bicho de sete cabeças, e que existem casos muito piores que o seu. (...) Eu curei minha depressão ao ouvir, ver e entender outras pessoas que estavam na mesma situação que eu" (Luis Carlos).[60]

Como já discutimos, ainda existe a noção de que as políticas de prevenção à AIDS devem atingir especialmente os homossexuais. Sob este ponto de vista, os homossexuais não são fiéis, trocam muito de parceiros e não desejam um relacionamento estável.

Entretanto, assumimos com Terto,[61] que a epidemia da AIDS afeta os homossexuais, assim como a outros grupos

---

[60] Os depoimentos foram colhidos em conversas individuais, sem o uso de gravador, com o consentimento prévio do informante. Todos os nomes são fictícios, em razão de uma responsabilidade ética.

[61] TERTO JR., Veriano. *Op. cit.*, p. 97.

sociais, de modo específico. A história e a inserção social dos homossexuais determinam diferentes reações e modos de perceber o HIV, seus riscos e consequências na vida de cada um. Desta maneira, as pluralidades da homossexualidade devem ser consideradas, conquanto se caracterizam pela classe social, etnia, status econômico e pelo modo de viver a sexualidade.

Os modelos que relacionam homossexualidade, promiscuidade e infecção pelo HIV também podem ser questionados. No grupo de HSH, foi possível perceber as diferentes representações sobre a promiscuidade sexual entre os soropositivos homossexuais. Em uma ocasião, Sandro apresentou um texto, que traçava uma analogia entre a infidelidade no relacionamento homossexual e no relacionamento heterossexual. Geralmente, em um relacionamento heterossexual, o "homem busca no bordel o que não pode fazer em casa", e sustenta seu casamento em razão dos filhos. Assim também, muitos homossexuais comprometidos buscam outros homens para satisfazer o que não encontra em seu parceiro, e continua seu relacionamento por comodismo, segurança financeira ou medo de ficar sozinho. "Quem está em busca de um amor, não deve procurá-lo em boates, e no sexo casual e promíscuo, que pode virar um vício." Nesse texto há uma mensagem clara de desestímulo ao sexo promíscuo, não em razão do risco de infecção por DSTs, mas porque o sexo pode transformar-se em um vício, conforme foi reforçado algumas vezes por Sandro.

Alguns participantes do grupo relataram ter tido relacionamentos duradouros – oito, vinte anos – e se referiam a eles como casamentos, em que o amor é valorizado:

"Eu fui fiel por dez anos e depois descobri que meu parceiro já me traía há muito tempo. Comecei a ter um ciúme possessivo e procurar outros parceiros, mas nunca fui de gostar de 'pegação', de ir a cinemas ou saunas, onde fica tudo escuro e você transa com muitos. Sou tímido. Eu acho que o amor pede a sinceridade, o respeito pela outra pessoa, e acho que dá para controlar o instinto sexual. (...) Eu me apaixono por um ser, independentemente de ser um homem ou uma mulher" (Luis Carlos).

Outros, por sua vez, aludiam a certo "instinto de homem" que os gays têm, ainda que sejam "femininos". É por isso que é difícil um relacionamento gay durar mais que quinze anos, "é difícil ser fiel por muito tempo". O instinto masculino seria próprio de nossa sociedade patriarcal, em que as mulheres são ensinadas a preferir cuidar da casa e dos filhos. "O homem vai à caça, é o predador."

Conforme Parker,[62] a partir da noção de passividade e atividade no ato sexual, constroem-se categorias como as do "bicha", que se afasta do estereótipo do "machão", por ser passivo sexualmente, mas que também não é uma mulher. A construção de categorias sexuais para a masculinidade e a feminilidade assim como "(...) definem a natureza das identidades e comportamentos culturalmente aceitáveis, eles simultaneamente chamam a aceitação para a possibilidade de desvio dos padrões sancionados".

---

[62] Richard Parker. *Corpos, Prazeres e Paixões. A cultura sexual no Brasil Contemporâneo*. São Paulo, Editora Best Seller, 1991, p. 89.

Durante uma comunicação no grupo, um dos assistidos perguntou: "o que você acha que Deus pensa sobre você ser assim?" Suas falas referiram-se ao amor de Deus, que os aceita do modo como são; afinal, "para Deus a pessoa não tem sexo, não importa se é homo ou heterossexual". Os conflitos com a religião católica não apareceram em suas colocações. Luis Carlos contou-me que já recebera a autorização do padre para "comungar nas missas", durante uma confissão, em que revelou ser homossexual e soropositivo.

Essa observação é especialmente importante na análise da construção da identidade dos homossexuais como assistidos em uma entidade católica.[63] A existência de um grupo que permite a reflexão sobre a homossexualidade em um espaço religioso já é sintomático de uma flexibilização no tratamento da questão pelos religiosos franciscanos.

Ainda mais se considerarmos que a convivência que é oferecida aos soropositivos nesse espaço religioso, como no grupo de soropositivos homossexuais, redimensiona suas percepções a respeito da "família", da "sexualidade heterossexual e homossexual", de "reprodução" e de "gênero". O problema do reconhecimento da família formada por um casal homossexual é aqui retratado:[64]

---

[63] Uma vez mais quero enfatizar que o Centro Franciscano de Luta contra a Aids não é uma entidade com fins proselitistas. Veja o alto número de assistidos que não são católicos. O que faz com que estes se identifiquem, de certa forma, como participantes de uma entidade católica é, segundo o coordenador do Cefran, a presença dos religiosos franciscanos, como da Irmã Isabel, que coordena o grupo de espiritualidade, e do frei Mário, que celebra as missas na entidade e dirige as orações ecumênicas em datas comemorativas, como no Natal. O espaço do Cefran é religioso porque possui uma capela católica, além de ícones, quadros e imagens de Jesus Cristo e de São Francisco de Assis, em suas salas e salões.

[64] Esse texto foi lido por Sandro, coordenador do grupo de HSH, no último dia de encontro do grupo, quando todos trouxeram comidas e bebidas para fazer uma confraternização.

"Trata-se da história de um casal homossexual que vive junto há dois anos e que está pensando com que família vai passar o Natal. Os pais de Fernando receberiam muito bem o 'amigo' de seu filho que tem a família que mora longe. Essa perspectiva tem produzido angústia no casal. Eles não são amigos solidários, eles são parceiros amorosos. São uma família que deseja ser reconhecida como tal. O Fernando entristece-se com essa situação, especialmente quando observa que seus pais consideram o marido de sua irmã um membro da família. (...) Na realidade, o problema com o homossexualismo é só um sintoma que denuncia que a família há muito tempo se perdeu, se desconectou. (...) O discurso que afirma que a família é a base da sociedade, no fundo, está certo. A questão que a contemporaneidade nos coloca é: o que é uma família? Quais os elementos mínimos para chamarmos um grupo de família? Talvez tenhamos aprendido a nos rebelar contra este discurso, porque em geral ele provém da boca de pessoas fundamentalistas, que só conseguem pensar na família sendo composta por uma parceira heterossexual monogâmica com filhos biológicos e valores patriarcais. Qualquer outro grupo, que não preencha a exigência desse ideal, fica relegado ao lugar da antinorma e, portanto, pode ser atacado".

Tornou-se clara a referência persistente sobre o relacionamento estável entre homossexuais, que se contrapõe, em todo caso, à imagem da promiscuidade sexual atribuída à homossexualidade, por vários discursos, inclusive o religioso, na sociedade. A noção de que "a família há muito tempo se perdeu" também é compartilhada pelo religioso franciscano:

"Se é verdade que um conceito ajuda a transformar a realidade, também é verdade que a realidade faz com que o conceito precise ir permanentemente se adaptando. (...) Comportamento sexual dos anos 60 é diferente de comportamento sexual de hoje, prevenção dos anos 60 é diferente da prevenção dos anos 90, 2000. A realidade dá as tintas para a gente poder reformular uma série de conceitos. Você sente na prática isso (...) Quando se diz que o importante é viver em família, mas o que é família, hoje? A realidade de uma família desestruturada, a realidade de maternidade e da paternidade independentes força você a não mais compreender a família como o pai, a mãe e os filhos, e uma estrutura organizada e estável, para compreender uma dimensão real de uma massa de pessoas, que não fazem experiência desse tipo de família" (Frei Luiz Lunardi, em entrevista).

Com relação ao modelo familiar, segundo Eunice Durham,[65] sua transformação não diz respeito diretamente à unidade constituída pelo marido, a mulher e seus filhos, como um grupo doméstico. Mas está em curso a transformação da divisão sexual do trabalho organizada em torno da reprodução, que é, juntamente com a família, o lugar privilegiado da existência feminina. A divisão sexual do trabalho tradicionalmente estipula que o trabalho remunerado é função do marido, enquanto que à mulher cabe a responsabilidade pelo trabalho doméstico e pelas crianças. Com a tendência à eliminação da divisão sexual do trabalho na csfera produtiva, cada vez mais homens e mulheres se enfrentam como indivíduos aparentemente livres e iguais, o que remodela os papéis sexuais também na vida privada.

---

[65] DURHAM, Eunice R. "Família e reprodução humana." *Perspectivas Antropológicas da Mulher 3.* Rio de Janeiro: Zahar Editores, 1983.

As chamadas famílias matrifocais, comuns nas camadas de baixa renda, não representam necessariamente um modelo alternativo de família. A falta de um provedor masculino estável nesse tipo de família pode ser antes uma demonstração da impossibilidade de organizar a existência em termos mínimos aceitáveis. Para Durham, os homens e as mulheres que utilizam técnicas anticoncepcionais, que possibilita àquelas evitar de modo permanente a maternidade, sem prejuízo da vida sexual, ou que preferem a sexualidade homossexual, colocam-se à margem dos problemas de reprodução, sentindo-se livres para desenvolver formas de privacidade e domesticidade não-familiais.

O grupo de HSH no Cefran é um espaço assistencial, de fato, onde os soropositivos homossexuais recebem, entre outros insumos, a cesta básica no final do mês, se freqüentam a casa de apoio. Porém, é o espaço também em que os homossexuais soropositivos não são estimulados a dissimular sua identidade ou escondê-la, como poderíamos esperar de uma intenção religiosa. Pelo contrário, eles descrevem abertamente suas experiências sexuais, falam sobre seus relacionamentos, sobre infidelidade, sexo seguro, de modo que costumam se distinguir entre aqueles que são casados e os que não têm relacionamentos estáveis, sendo que estes assim justificam sua procura pelo sexo que, "se seguro, quanto mais melhor".

A possibilidade da convivência dos soropositivos em todos os grupos da casa permite que os homossexuais que frequentam o grupo de HSH não se tornem um grupo fechado, de maneira que esta rotatividade entre os grupos aproxima homossexuais, protestantes, católicos, donas-de-casa, enfermeiros, cabeleireiros, profissionais do sexo, homens bissexuais casados, bem ao estilo do imaginário construído sobre a identidade dos soropositivos. O que os faz rever, entre os soropositivos e os religiosos, suas noções acerca de homossexualidade, promiscuidade sexual, desvio sexual e preconceito.

O pensamento da Pastoral da AIDS

Como membro da coordenação da Pastoral da AIDS, Frei Bernardi anuncia a posição diferenciada da Igreja sobre a prevenção à AIDS. Com relação ao meio mais difundido de prevenção no Brasil, isto é, o sexo seguro, a Pastoral não defende abertamente seu uso, até pela intrincada polêmica que envolve o preservativo dentro da Igreja Católica:

"Eu não creio que a solução seja simplesmente dizer use o preservativo. Se isto fosse solução, acho que a gente já teria vencido o problema da AIDS no Brasil porque, há 20 anos, todas as ONGs vêm repetindo isso. A Pastoral não precisa nem ser contra, nem a favor do uso do preservativo, ela precisa dar a informação completa, não omitir informações, e as pessoas que fazem sexo é que precisam decidir pelo modo de se prevenir.

Um casal que tem um pacto de fidelidade, nunca vai pegar AIDS, nem mesmo não usando o preservativo. Para quem não vive a fidelidade, ou para quem não confia na fidelidade, a ciência indica o preservativo como jeito de prevenção. Se a pessoa, nesse processo de reflexão, se apropria da sua própria situação de vulnerabilidade e elege esse mcio, isso é o direito que cada um tem. Pode ser mais católico que o Papa, mas se ele decide que este é o jeito que ele quer viver, este é o jeito que ele quer se prevenir, ninguém tem o direito de questionar" (Frei José Bernardi, em entrevista).

Para prevenir-se da AIDS, a pessoa "que faz sexo" precisa conscientizar-se de sua própria situação de vulnerabilidade e, se eleger o preservativo como meio de prevenção, "ninguém tem o direito de questionar", nem mesmo a moralidade cristã. Vê-se que o religioso propõe aqui a autonomia do indivíduo, ao minimizar a influência e a atualidade das normas de moral sexual como um parâmetro em sua conduta. Ao agente de Pastoral é do mesmo modo ensinado que não deve julgar aqueles a quem assistem, antes "inclua-se, pois somos todos vulneráveis":

> "A Lei vale, mas a pessoa é superior a Lei. Acima de tudo existe a consciência como Lei última e inviolável, último espaço de decisão livre e soberano da pessoa. Nossas ações são para capacitar e formar as pessoas para construir personalidades adultas e independentes. (...) Mais do que ditar o que a pessoa deve fazer, o agente da Pastoral de DST/AIDS tem de fornecer elementos para que a pessoa possa decidir o que é melhor para si (...)".[66]

O religioso franciscano propõe um novo posicionamento diante da moral sexual, quando não se consegue viver de acordo com o ideal pregado. Isto lhe possibilita questionar a oferta da fidelidade como meio seguro de prevenção entre casais: "Creio, no entanto, que considerando a natureza humana e a sua humana fragilidade, a fidelidade está mais para ideal que para o metro que avalia as relações concretas, sobretudo na atual

---

[66] Guia do Agente de Pastoral da AIDS. "Entre o real e o ideal", p. 51. Editora São Miguel: Caxias do Sul, 2004.

cultura".[67] A realidade do crescimento de infecções pelo vírus HIV entre homens e mulheres casados impugna o modo de vida norteado pelos ensinamentos da Igreja: "O agente de Pastoral precisa conhecer e aprofundar elementos do ideal cristão, deve conhecer e pregar a utopia anunciada por Jesus 'sede santos como Deus é santo'. Porém não pode esquecer da realidade em que os humanos vivem; entre o real e o ideal há uma grande distância".[68]

Ainda que se reconheçam as peculiaridades das pessoas que vivem com HIV e o contexto social em que a doença se manifesta, os religiosos da Pastoral da AIDS diferenciam-se de outros atores sociais – ONGs, por exemplo – em sua resposta à epidemia. E, mais uma vez, elege-se a infidelidade conjugal como problema significativo:

"A Igreja pode contribuir no controle da epidemia, e eu acho que tem feito isso no Brasil. Qual é o diferencial da Igreja? É que a Igreja não precisa abdicar dos seus valores, diante da realidade que não se comporta conforme os seus valores. Então, eu acho que o trabalho da Igreja não termina no controle da epidemia. Se todos os católicos, todos os brasileiros passassem a usar efetivamente o preservativo em todas as suas relações, e não compartilhar agulhas e seringas, não teria terminado o papel da Igreja. Porque a Igreja tem uma proposta que ultrapassa a epidemia, uma proposta de ser humano. (...) Quando um pai de família tem relações

---

[67] BERNARDI, José. "Os desafios pastorais da AIDS", p. 31. *Viu e teve compaixão... Igreja e AIDS,* Editora São Miguel, Fortaleza, 2002.

[68] Guia do Agente de Pastoral da AIDS, p. 51.

extraconjugais, a Igreja pode, ao menos, questionar se esta prática dele está em sintonia com o amor que ele tem pela sua esposa e os filhos. (...) Hoje, pregar simplesmente que é pecado usar camisinha, que é pecado fazer sexo fora do casamento é uma palavra vazia, ninguém reconhece isso como uma palavra autêntica, uma proposta que tenha fundamento se é dito assim: não, não, não" (Frei José Bernardi, em entrevista).

A fidelidade não é um valor moral e religioso intrínseco somente ao matrimônio, o relacionamento amoroso, tal como o concebemos em nossa sociedade brasileira, confere importância a monogamia, sendo assim considerado estável, sério, durável. Nas discussões sobre a contenção da epidemia da AIDS, a valorização da fidelidade entre casais, e a conseqüente crença na invulnerabilidade ao HIV, é trazida à tona como fator dificultoso para as estratégias de prevenção.

Frei Bernardi chama a atenção para aquele que costuma ser o papel da Igreja, reafirmar a fidelidade como valor imprescindível na família. O religioso parece distinguir o papel da Pastoral ao abordar o "pai de família que tem relações extraconjugais". Afinal, dizer simplesmente, na forma de um decreto, que "é pecado usar camisinha, que é pecado fazer sexo fora do casamento" não seria mais uma forma efetiva de falar sobre moral sexual, nem mesmo entre os católicos.

Por sua vez, os pronunciamentos do Vaticano sobre a epidemia da AIDS reiteram os valores morais e religiosos da sexualidade e do matrimônio, como a fidelidade e a abstinência:

"À luz deste ideal aparece profundamente lesivo da dignidade da pessoa, e por isso moralmente ilícito, propugnar uma prevenção da doença da AIDS baseada no recurso a meios e remédios que violam o sentido autenticamente humano da sexualidade e são um paliativo para aqueles mal-estares profundos onde se encontra comprometida a responsabilidade dos indivíduos e da sociedade".[69]

A recusa ao uso de preservativos, imbuídos de sua acepção moral, como meios de prevenção à AIDS, vai marcar a posição da Igreja Católica. Ainda mais no que se refere à negociação do preservativo entre o casal, o que fere a legitimidade da instituição familiar.

A posição contrária ao uso do preservativo estende-se a todos os métodos contraceptivos, que impedem a função reprodutora natural do corpo. O ato sexual deve estar aberto à possibilidade da transmissão da vida, e o preservativo representa a intervenção material e humana no corpo, que é considerado um templo sagrado.

A CNBB partilha de uma visão da moral sexual que privilegia em demasia o ângulo procriativo da sexualidade, conforme o teólogo Antonio Moser, uma visão antropológica muito biológica do ser humano e de sua sexualidade.[70]

---

[69] "A Igreja e a AIDS." João Paulo II. Disponível em: http://acidigital.com (acesso em 10 de setembro de 2004).

[70] MOSER, Antonio. *O Enigma da Esfinge. A Sexualidade*. "O suporte antropológico", p. 154. Petrópolis, Editora Vozes, 2000.

"Do ponto de vista da moral católica, não é aceitável o uso do preservativo quando favorece uma vida sexual desordenada, reduzindo a sexualidade a mero bem de consumo. (...) a propaganda do preservativo contra o HIV é falaciosa, pois no Brasil sua garantia é de 60% a 65%. (...) a CNBB condena o uso da camisinha até mesmo entre prostitutas e homossexuais. Mesmo que seja para evitar a transmissão da AIDS".[71]

Frequentemente, a Igreja tem recorrido a dados científicos para comprovar a ineficácia do preservativo. O que foi diversas vezes considerado pelo Programa Nacional de DST/AIDS como um empecilho à campanha de prevenção à AIDS,[72] uma maneira que a Igreja encontrou frente à falta de respaldo da justificativa moral contra o uso do preservativo. Entretanto, Frei José Bernardi atribui pouca importância à influência que os pronunciamentos da CNBB possam ter no comportamento dos católicos:

"Esse tipo de discussão, que eu chamei de debate no âmbito do discurso, não interfere na prática, não interfere na vida cotidiana das pessoas. Ninguém deixa de usar o preser-

---

[71] Dom Geraldo Majella, Correio Braziliense, 16/06/2000, p. 11.

[72] Segundo o Programa Nacional de DST/AIDS: "O Governo Brasileiro não discute os dogmas e valores morais e individuais de abstinência e fidelidade conjugal. Entretanto, ressalta que estas estratégias são inadequadas enquanto política de saúde pública para a prevenção do HIV e outras DSTs. Seria um erro uma política pública baseada no respeito à universalidade, à diversidade e na realidade cultural da sociedade preconizar condutas que não são compartilhadas por todas as pessoas. (...) a Igreja erra quando, para fazer valer o seu ponto de vista teológico, lança dúvidas sobre verdades científicas há muito comprovadas, pondo em risco a vida de pessoas que, por obediência religiosa, acabam se descuidando". (Posição do PNDST e AIDS frente a proibição da divulgação de campanha da sociedade civil, em notícias da ABIA. Disponível em: http://www.abiaids.org.br [Acesso em 23 de agosto de 2004]).

vativo porque o bispo diz que não serve, que não é bom. (...) Eu não consigo ver que tenha muita influência, tanto que tem uma pesquisa da CEBs, que é um organismo da CNBB e que fez uma pesquisa em oito capitais do Brasil, em preparação à Assembléia, e um dos dados que eu gravei, de interesse nessa área, é que 85% da população católica não seguem as orientações da Igreja no âmbito do exercício da sexualidade, dos contraceptivos e do planejamento familiar. Se você achar que aquele discurso vai influenciar, vai influenciar em 15%, que são aquelas pessoas que normalmente já têm um estilo de vida de acordo com isso. Para os 85% que não seguem, isso também não vão escutar. (...) Tem entidades que tiram proveito da situação de a Igreja ser contra o uso do preservativo para se autopromover. O fato de atirar pedra na Igreja porque ela é contra o uso do preservativo dá visibilidade" (Frei José Bernardi, em entrevista).

Frei Bernardi anuncia aqui a descontinuidade entre os ensinamentos da moralidade sexual católica e a prática efetiva dos católicos. O teólogo José Antonio Trasferetti reitera que a posição oficial da Igreja nem sempre encontra real aceitação por parte de padres ou mesmo de leigos engajados. "É comum encontrarmos padres que defendem o uso do preservativo, sobretudo em situações especiais ou de risco, ou mesmo leigos que afirmam usarem o preservativo com suas esposas ou namoradas."[73]

---

[73] Trasferetti, José Antonio. **CNBB, AIDS e Governo.** Campinas: Átomo, 2005.

De fato, alguns padres já desafiaram a postura irredutível da hierarquia católica. O padre Valeriano Paitone, por exemplo, que administra três casas de apoio aos portadores do vírus HIV na cidade de São Paulo, recomenda o uso de camisinhas e as distribui para doentes e pobres. O padre foi punido por seu bispo superior, assim como outros religiosos o são, notadamente quando defendem publicamente o uso da camisinha.[74]

Porque esses religiosos estão familiarizados com a epidemia, ou seja, conhecem as condições e o modo como vivem os soropositivos, suas ações parecem responder menos a legalismos que às necessidades dos que atendem. Os religiosos da Pastoral da AIDS igualmente enfrentam situações em sua experiência prática de assistência aos portadores do vírus HIV que lhes possibilitam ser menos intransigentes com o uso do preservativo:

"A primeira indagação vem dos casais soropositivos. Sabe-se que a reinfecção, ou seja, o contato com novas cópias do vírus, pode piorar o quadro viral de um portador. Ora, a reinfecção é prevenida pelo uso do preservativo. Muitos têm-se mostrado contra o seu uso. Indica-se a abstinência. Mas a abstinência é uma opção, não um constrangimento. Além disso, a grande maioria dos que contraíram o vírus optaram por um

---

[74] Padre Valeriano Paitone idealizou e dirigiu um vídeo, com recursos do Ministério da Saúde, em que demonstra com números que o uso da camisinha ajuda a reduzir a proliferação do HIV, o vírus da Aids. As ações e a forma de pensar de Paitone foram censurados por seu superior, o arcebispo metropolitano de São Paulo, cardeal Dom Cláudio Hummes. "São Paulo: fiéis criticam proibição da Igreja." 15/06/2000. Disponível em: www.catolicanet.com.br (acesso em 31 de janeiro de 2004).

estado de vida em que o exercício da sexualidade é um dever. Nesta mesma direção, pode-se colocar a situação dos casais que são sorodiscordantes, ou seja, uma pessoa é portadora, a outra não. A indicação da abstinência fere estes casais".[75]

O uso do preservativo entre casais que vivem com o HIV, portanto, para se prevenir contra a reinfecção ou a infecção de um dos parceiros e, não como um contraceptivo, também é interdito, segundo alguns religiosos e leigos. Frei Bernardi critica este posicionamento, assim como o bispo da Pastoral da AIDS, que considera o preservativo como um "mal menor" em determinadas situações:

> "Agora mesmo um Bispo colocou no plenário a questão de um do casal ser contaminado. O que tem de fazer, ainda mais quando o casal deseja relações sexuais e precisa disso? Lógico que a gente sabe que o ideal seria não ter relações sexuais. Eu pessoalmente acredito que deve deixar a pessoa utilizar sua consciência e resolver esta questão. (...) Têm casos limites que a Igreja não deveria interferir muito e não precisa controlar tudo das pessoas também. O papel da Igreja é transmitir valores, mas têm casos que são exceções".[76]

A campanha pela abstinência sexual tem sido adotada por algumas sociedades, as quais relatam a eficiência na contenção da epidemia da AIDS. Na última Conferência Internacional de

---

[75] BERNARDI, José. "Os desafios pastorais da AIDS", p. 29. *Viu e teve compaixão... Igreja e AIDS,* Editora São Miguel, Fortaleza, 2002

[76] TRASFERETTI, José Antonio. *CNBB, AIDS e Governo.* Dom Eugênio Rixen, em entrevista. Campinas: Átomo e Alínea, no prelo.

AIDS, em Bangcoc, na Tailândia, duas políticas de enfrentamento da epidemia mostraram-se atuantes, embora a promoção do uso do preservativo tenha se mostrado mais receptiva. São elas a política norte-americana do ABC – *abstinence, be faithful and if its necessary, use condom*, que estabelece uma hierarquia entre a abstinência, a fidelidade e a camisinha; e a CNN – *condoms, needles and negotianting*, que prioriza a autonomia, o fortalecimento e a livre informação para que o sujeito possa escolher a melhor maneira de se proteger.[77]

Entre aqueles que criticam a adoção da política do ABC, dizem que o problema está em sua hierarquização, que prioriza em demasia a abstinência sexual e a fidelidade e impõe a moralização do sexo. A maioria dos jovens que adota a política da virgindade, não consegue cumpri-la e não possuem informação sobre o preservativo e sobre educação sexual. Na Conferência, as mulheres da Índia foram lembradas porque são obrigadas a se casarem jovens e, frequentemente, contraem AIDS de seus maridos. "(...) Elas se mantiveram longe do sexo até o casamento e foram fiéis, mas não tinham a informação e nem o poder de negociar o uso do preservativo com seus parceiros."[78]

A Pastoral da AIDS, apesar de referir-se, consideravelmente, à abstinência sexual pré-matrimonial como um meio de prevenção, não se identifica com nenhuma das políticas de prevenção à AIDS, e ainda as considera extremistas:

---

[77] "Polêmica sobre abstinência sexual é debatida na XV Conferencia Internacional de AIDS." Marina Pecoraro. Disponível em: www.agenciaaids.com.br/noticias-resultado.asp?Codigo=1128 (acesso em 22 de julho de 2004).

[78] IDEM.

"Nós não ignoramos que a abstinência sexual seja uma forma de contenção da epidemia e a gente, inclusive, diz que essa é uma das formas de não se contrair o vírus. Assim como é para os casados a fidelidade conjugal. É importante ter essa informação, mas quem precisa tomar a decisão da forma como deseja se proteger é a pessoa. Este é o aspecto diferencial inclusive da campanha do ABC norte-americana. Ela impõe a abstinência da mesma forma, com a mesma violência que outros programas impõem o preservativo. Essa imposição que resulta, muitas vezes, em não-aderência ao uso, à prevenção. (...) As três formas são seguras, viáveis, mais ou menos do mesmo nível. A importância é que a pessoa que decide qual é a forma. São meios diversificados que a pessoa pode escolher. Eu sou religioso, faço voto de castidade, não tenho relações sexuais, mas eu não sou melhor do que ninguém. É uma opção que eu fiz conscientemente com uma série de valores que envolvem, que eu acredito, mas isso não me torna melhor que uma pessoa que precisa usar o preservativo porque tem relações sexuais com várias pessoas. A abstinência não é melhor que a camisinha, moralmente falando" (Frei José Bernardi, em entrevista).

Aqui o religioso franciscano situa a Pastoral da AIDS entre as políticas do ABC e do CNN, que é a política do preservativo adotada no Brasil. Ainda que a campanha pró-virgindade tenha grande influência de igrejas protestantes, Frei Bernardi a considera tão impositiva e rigorista quanto a campanha pelo sexo seguro. E, mais significativo, a pessoa deve escolher pelo modo de se prevenir, de maneira que a escolha pela camisinha não implica em desvio ou falha moral.

A Pastoral de DST/AIDS reelabora as orientações para uma moral sexual, que é assentada sobre a concepção idealizada de que todas as pessoas podem, de fato, viver sua sexualidade dentro do matrimônio. Perante uma cultura que estimula a atividade sexual em seus mais diversos âmbitos, ainda que não possamos situar a Pastoral junto ao extremo da prevenção pelo sexo seguro, esta também não parte de uma concepção de sexualidade ou de natureza humana imutável.

Estrutura e hierarquia na Igreja

Interessante perceber a dissonância entre o discurso de representantes da CNBB, os bispos, e o discurso de alguns padres e leigos envolvidos com a assistência a portadores do vírus HIV. Na sociedade brasileira, aquele discurso aparece principalmente em alusão às campanhas de prevenção a AIDS do governo. Em pesquisa sobre o pensamento da CNBB, o teólogo Trasferetti ouviu dos bispos que a campanha pelo preservativo promove a sexualidade que visa o prazer, sem compromisso e com muitos parceiros, de forma que a mensagem que se passa é: "faca sexo do jeito que você quer, com quem você quer, mas se cuide para não pegar AIDS".[79] Usar o preservativo que não é seguro e incentivar o sexo questiona os valores da moral sexual da Igreja.

A CNBB encontra-se em uma posição de salvaguardar estes princípios morais, o que pode explicar seu pensamento crítico em relação à abordagem da sexualidade nas campanhas de prevenção. O conservadorismo da CNBB não é anunciado

---

[79] TRASFERETTI, José Antonio. *CNBB, AIDS e Governo.* Campinas: Átomo e Alínea, no prelo.

apenas por representantes do Ministério da Saúde, mas por leigos e padres assessores das pastorais da CNBB. O assessor da pastoral social, Pe. Alfredo José Gonçalves, trabalhou com os canavieiros de Minas Gerais que trabalhavam em regime de escravidão no corte de cana, e ficavam bastante tempo longe de casa. Como costumavam ir aos prostíbulos aos domingos, a pastoral social conversou com médicos locais para orientá-los sobre a camisinha e o risco da Aids. Porque as esposas que ficavam em casa estavam contraindo o vírus HIV de seus maridos. O religioso encontrou-se diante de uma situação concreta em que considera o preservativo como um mal menor. Não obstante, reporta-se à ambivalência que existe entre a prática daqueles que trabalham em setores sociais, e a atenção aos princípios morais da Igreja: "(...) até por conta do bispo, o padre não poderia levar este discurso, mesmo sabendo que é o mais eficaz para o momento. Enquanto padre eu só celebrava a missa".[80]

Sobre a relação hierárquica entre os bispos da CNBB e o baixo-clero, anunciada por muitos padres, a Pastoral da AIDS encontra seu lugar próprio:

"Na verdade, nós somos Igreja, não vamos fazer um discurso de questionamento da posição de certos bispos, porque compreendemos que nós temos um papel diferente dos bispos. O Magistério é fundamentalmente conservador. Nunca haverá um bispo trazendo novidades extraordinárias, porque não é a função do bispo. O bispo tem a função de conservar aquilo que a Igreja elaborou e tem como ponto firme. Agora, novas idéias, novas formas de organização, novidades em todos os campos

---

[80] IDEM.

são introduzidas na Igreja não pelos bispos, pelo Magistério, mas pelo povo, pelas comunidades. Nós temos a função de dar conta, nas comunidades, de uma epidemia e vamos propondo formas que a gente acha mais adequadas, e espera que daqui a um tempo toda a Igreja pense que esta é a forma mais adequada" (Frei José Bernardi, em entrevista).

A Pastoral de DST/AIDS, como atributo do serviço social que é, está mais próxima do povo e das comunidades, que os bispos. Porque tem de "dar conta de uma epidemia", suas ações são permeadas por novas formas de organização, o que lhe permite responder de forma distinta daquela que é esperada pelas autoridades eclesiais.

Aqueles que estão envolvidos com a Pastoral criam constantemente formas de se relacionar com a hierarquia católica. O coordenador da regional sul da Pastoral, Betinho, sugere aos agentes que, no que se refere à prevenção, "não se deve dizer 'use camisinha', mas 'tenha relações sexuais protegidas'. 'Oxalá um dia a Igreja libere, mas por enquanto, somente se deve falar como pega e não pega". Os leigos entendem que seu trabalho pastoral não se resume à aprovação ou não do uso do preservativo, como colocou Betinho, "nosso trabalho não se resume a uma borracha". Entretanto, estes parecem encontrar situações no atendimento aos portadores do vírus HIV em que se torna impossível sustentar posições rigorosas de prevenção à AIDS.

A dificuldade de se falar sobre prevenção à AIDS dentro dos espaços eclesiais foi relatada pelos leigos que participaram da Capacitação da Pastoral de DST/AIDS, na cidade de São Paulo. Comparativamente ao apoio que os franciscanos recebem da Ordem dos Frades Menores Capuchinhos do Rio Grande do

Sul, os leigos normalmente não têm apoio do bispo da diocese para iniciar um trabalho pastoral com a AIDS. Em razão do conflito que este envolvimento pode gerar com a CNBB. O que destaco é a necessidade de os leigos darem uma formação e conscientização ao clero. A proposta, então, foi uma capacitação para religiosos e padres, a ser oferecida pela coordenação da Pastoral de DST/AIDS.[81]

Marshall Sahlins, ao rechaçar a oposição que se estabeleceu nas ciências sociais entre estrutura e história, coloca que a história é ordenada culturalmente de diferentes modos nas diversas sociedades, de acordo com os esquemas de significação das coisas, de modo que os significados são reavaliados quando realizados na prática. O autor confere importância às ações criativas das pessoas envolvidas que "(...) quando as circunstâncias contingentes da ação não se conformam necessariamente aos significados que lhes são atribuídos por grupos específicos, sabe-se que os homens criativamente repensam seus esquemas convencionais".[82] A estrutura existe, portanto, na convenção e na ação, enquanto constituída pela sociedade e enquanto vivenciada pelas pessoas. É nesses termos que a cultura é alterada historicamente na ação.

Os religiosos da Pastoral da AIDS mencionam a necessidade da reelaboração das concepções sobre sexualidade e gênero para que a Igreja possa responder à sociedade atingida pela epidemia.

---

[81] Essa proposta foi feita durante o Encontro de Lideranças do Regional Sul I da Pastoral de DST/AIDS, que aconteceu no dia 20 de novembro no Convento São Francisco, na cidade de São Paulo. Nesta ocasião, os leigos que participaram das capacitações para lideranças em setembro trouxeram suas pesquisas sobre as possibilidades de implantação da Pastoral em sua diocese e as demandas para capacitar agentes de Pastoral que nunca participaram de um trabalho com portadores do vírus HIV ou com prevenção à AIDS.

[82] SAHLINS, Marshall. "Introdução", p. 7. in *Ilhas de História*.

Nesse sentido, poderíamos pensar que a estrutura da moralidade sexual da Igreja é acionada e reordenada no trabalho prático com os soropositivos, quando encontram as condições em que a epidemia se manifesta, com atenção especial aos que são mais vulneráveis socialmente, ou seja, aqueles que possuem baixa renda, e os fatores que contribuíram para a infecção pelo HIV. O fato é que a função e a atuação dos bispos são igualmente dinâmicas, conforme podem ser observadas em seus pronunciamentos e documentos. Contudo, como os religiosos costumam dizer, a transformação de seu pensamento é mais lenta, de modo que as autoridades religiosas agem no sentido de preservar a doutrina própria do catolicismo o que, em última instância, confere à Igreja a atualização de sua tradição religiosa.

Frei Lunardi, assessor da Pastoral da AIDS, acredita que "a realidade faz o conceito adequar-se". Diante das dificuldades encontradas pelos leigos em seu trabalho pastoral com a AIDS, o religioso argumenta que "a Igreja não é João Paulo II, não são os Bispos, somos nós", confiando àqueles que participam da Igreja, a base, um espaço privilegiado na hierarquia católica.

3

Gênero e AIDS

A relação heterossexual tem se tornado a forma de transmissão mais expressiva da epidemia da AIDS, na sociedade brasileira. Se assumirmos com Tronca[83] que as doenças venéreas têm sido identificadas como femininas, mais propriamente com a figura da prostituta como foco do contágio, estaremos próximos do significado do que se convencionou chamar de feminização da doença.[84] No entanto, a AIDS dos dias de hoje está longe de conformar, ainda que seja assim identificada, uma

---

[83] TRONCA, Ítalo, *op. cit*, p. 135, que coloca também: "No caso da AIDS, como já acontecera com a lepra e as demais doenças venéreas, o surgimento da mulher prostituída na cena histórica ocorre de forma desviada, alegórica, no sentido de que o homossexual masculino a substitui – o gay é a 'mulher promíscua'".

[84] Partindo de uma análise comparativa dos casos de infecção pelo HIV entre homens e mulheres, no município de São Paulo, com relação aos anos de 1993 e de 2003, podemos constatar a prevalência dos casos, tanto para os homens quanto para as mulheres, entre as faixas de 20 a 49 anos, considerada a fase reprodutiva. A proporção entre os casos masculinos e os casos femininos foi diminuindo gradativamente ao longo dos anos, quando apresentou 1,84 homens com o diagnóstico da AIDS, para cada mulher, no ano de 2001, e 2,07 no ano de 2003, se considerarmos, ainda, que esta razão já esteve em 3,5 homens para cada mulher, nos anos de 1993 e 1994. Quanto maior o grau de escolaridade, menor o número de casos da AIDS. Em 2003, 5,2% das mulheres soropositivas tinham 12 anos ou mais de estudos, enquanto 9,8% dos homens soropositivos possuíam o mesmo grau de escolaridade. Fonte: Informações de Saúde/ Morbidade e informações epidemiológicas/ AIDS – desde 1980. Disponível em: www.datasus.gov.br (dados provenientes do SINAN, Sistema Nacional de Agravos de Notificação).

doença de prostitutas ou de mulheres promíscuas. Dentre as mulheres mais atingidas pela epidemia estão as donas-de-casa e as empregadas domésticas, em sua maioria analfabetas ou com o ensino fundamental incompleto, indicando sua proveniência de classes sociais de menor poder aquisitivo e que sabem dizer o nome do homem que lhes transmitiu o vírus HIV, pois é o seu único parceiro sexual.

Existiu uma resistência em reconhecer o potencial da mulher para também adquirir e transmitir a AIDS, pelo menos até o final da década de 80. Ainda assim, segundo Tronca, ao entrarem finalmente em cena no drama da AIDS, as mulheres o fazem na condição de vítimas, responsabilizando seus parceiros – maridos, namorados, amantes – quase invariavelmente bissexuais, drogados ou promíscuos. "(...) Ou seja, a história da AIDS, mesmo em suas representações mais recentes, continua reservando à mulher seu papel tradicional."[85] Nos discursos que buscam construir um saber e um controle sobre a doença, como a mídia, parece existir um apelo à moralização da doença, em que o significado alegórico permanece: "sexo à margem da monogamia tem um preço"[86].

---

[85] Tronca, Ítalo. *Op. cit.*, p. 115.

[86] "(...) as mulheres que são contaminadas em geral não tinham motivo para suspeitar do risco que correm junto de seus parceiros. Então, por que tomar precauções? As pessoas podem, no entanto, agir com mais responsabilidade, sobretudo os homens. E talvez com um pouco mais de malícia, sobretudo as mulheres. Os bissexuais, por exemplo, deveriam ter a dignidade de renunciar ao casamento para não colocar em risco suas esposas. O homem nessa situação simplesmente não tem o direito de fingir que leva uma vida normal". Revista Veja. "'Dormindo com o inimigo': sete em cada dez mulheres são infectadas por seus maridos", por Thomas Traumann e Karla Monteiro. Disponível em: veja.abril.com.br, em reportagem de capa de 28 de outubro de 1998. Acesso em 20 de janeiro de 2005.

Os valores morais e religiosos são, dessa forma, acionados nas interpretações de uma epidemia que se alastra pelo contato sexual. A crescente infecção de mulheres casadas torna-se um desafio sintomático para a Igreja Católica. Ainda mais se levarmos em conta que a infidelidade fere a legitimidade do matrimônio e quaisquer princípios morais que se tome por base.

Em etnografia realizada em uma favela carioca,[87] Monteiro, ao analisar as trajetórias femininas e masculinas, identificou na assimetria de gênero um papel central na construção das experiências sexuais e do percurso de vida que envolve reprodução, instrução e trabalho. A mulher é associada à esfera doméstica, ao trabalho doméstico não-remunerado dentro do lar e ao esteio afetivo e moral, ao espaço da casa/família. Enquanto o homem é percebido como provedor e protetor da mulher, ocupando o espaço da rua/público. Esta assimetria estende-se ao núcleo estruturante da lógica de proteção, ou seja, de escolha de quando usar a camisinha no intuito de se proteger da AIDS. De forma que, o que é percebido como familiar, dentro das esferas pessoais, comumente das relações conjugais entre a mulher e seu esposo, no sentido de "conhecido", é associado a uma dimensão de maior segurança, não sendo necessária alguma forma de proteção. Só quando a relação sexual é com um "homem desconhecido" ou com uma "mulher da rua" – profissional do sexo ou "vadia" – é vista como um perigo ou uma ameaça e, neste caso, o uso da camisinha é uma escolha efetiva.

---

[87] MONTEIRO, Simone. *Qual prevenção? Aids, sexualidade e gênero em uma favela carioca.* Rio de Janeiro, Editora Fiocruz, 2002. A autora tem como universo de pesquisa um grupo de jovens moradores da favela Parque Proletário de Vigário Geral, situada ao norte do município do Rio de Janeiro. A metodologia adotada é fortemente influenciada por uma abordagem antropológica, baseada em entrevistas aprofundadas do tipo história de vida, observação de interações dentro da comunidade estudada e reuniões de grupo.

Para as mulheres, o HIV representa uma tripla ameaça. A primeira delas refere-se ao risco real de infecção pelas mulheres, que é maior num coito vaginal sem proteção e com parceiro soropositivo, do que para o homem em mesma situação. Mais do que o risco biológico existe o risco advindo das desigualdades de gênero e de pobreza, que configura o menor acesso das mulheres à educação, em relação aos homens; seu menor conhecimento sobre as formas de disseminação e prevenção das DST, além da sua dificuldade ao acesso a serviços médicos.[88] Fala-se também na minimização de seu poder de negociação e decisão em um relacionamento. A segunda ameaça que atinge as mulheres é o risco de contaminação de seus filhos, durante o parto, a gestação ou a amamentação. Já a terceira ameaça refere-se ao cuidado, comumente delegado às mulheres, de seus familiares ou amigos infectados pela AIDS.[89]

Dentre as explicações para a vulnerabilidade das mulheres à AIDS, há a sua associação com a desigualdade de gênero e com as representações sociais da sexualidade feminina e masculina:

> "(...) as concepções sobre feminilidade incluem, no terreno sexual, a passividade, um certo recato e *desconhecimento* das potencialidades eróticas do sexo, uma categorização sobre *certo* e *errado* e, fundamentalmente, uma grande vinculação do prazer com o afeto circundante no ato. Em contrapartida, a

---

[88] Boletim *Mulher e HIV/AIDS: Confrontando a Crise,* divulgado no dia 14 de julho de 2004, durante a XV Conferência Internacional de AIDS, pelo UNAIDS, Fundo de Desenvolvimento das Nações Unidas para a Mulher (UNIFEM) e UNFPA. Disponível no site: www.agenciaaids.com.br, "Combate à desigualdade de gênero é fundamental para diminuir novas infecções do HIV entre as mulheres, alerta ONU", em *notícias* do dia 15/07/2004. Acesso em 20 de julho de 2004.

[89] *Tripla Ameaça: AIDS e mulheres: dossiê Panos*. Rio de Janeiro: ABIA, Recife, PE, 1993, p. 7.

sexualidade masculina é construída com atividade, experiência e ousadia erótica, sendo o prazer bastante ligado ao corpo, mas vinculado à conquista da mulher e do seu (dela) gozo, que atestam para ele a sua virilidade".[90]

Diante dessa configuração de sexualidade e de gênero, os autores dizem que falta a percepção de risco às mulheres, em razão da crença e da legitimidade em um relacionamento monogâmico e, portanto, baseado no conhecimento e na confiança (GUIMARÃES, Dora, 1996). Além disso, os casamentos tradicionais seriam definidos pelo esquema social de valores morais, em que a infidelidade masculina é situada num espaço preservado, enquanto que o adultério feminino é fortemente condenado (GUIMARÃES, Kátia, 1996).

As representações da fidelidade entre os homens casados, segundo Silva (2002), não é a recusa a ter relações fora do casamento. Para uma parte considerável dos homens entrevistados pela autora, moradores de um bairro periférico da cidade de São Paulo, a fidelidade está em não deixar que as "aventuras" – que se justificam apenas pelo sexo em si – interfiram no casamento, que é valorizado também pelo sexo, mas, sobretudo pelo amor à esposa. Diante da percepção de risco da AIDS, o homem fiel não deixa de usar camisinha em relações "fora" de casa ou na rua, para que o risco do contágio não se estenda ao sexo que é praticado "dentro" de casa.

Segundo Richard Parker, o legado da dupla moral sexual e da hierarquia do gênero continua dando significado para a compreensão do gênero e da vida sexual no Brasil contemporâneo.

---

[90] VILLELA, Wilza Vieira. "Refletindo sobre a negociação sexual como estratégia de prevenção da AIDS entre as mulheres." *Quebrando o Silêncio: Mulheres e AIDS no Brasil,* p. 185.

Tem-se uma hierarquia do gênero em que os homens se distinguem uns dos outros em termos de autoridade e domínio, ao passo que as mulheres se distinguem de acordo com sua submissão e sujeição ao jugo. É dessa forma que o duplo padrão de moral sexual estrutura a cultura sexual, no que se refere ao controle social exercido sobre a vida sexual feminina, como a valorização da virgindade, e a incitação e estímulo da vida sexual masculina:

"Espera-se que o casamento tenha um papel relativamente pequeno na canalização ou restrição das atividades sexuais do homem; e os padrões de comportamento sexual estabelecidos na adolescência (...) devem continuar, para fins práticos, durante a vida sexual do homem adulto".[91]

A noção de que essa concepção de gênero também é influenciada, na sociedade brasileira, pela Igreja Católica é aqui partilhada:

"A partir de uma abordagem ética e teológica, é necessário reconhecer que a nossa cultura, inclusive a religiosa, ajudou a fomentar esse sentimento de inferioridade, submissão e resignação entre as mulheres. A idéia de uma autonomia, com a capacidade de exercer direitos sobre o próprio corpo e a sua sexualidade, jamais foi amplamente divulgada pelas igrejas".[92]

---

[91] PARKER, Richard. *Corpos, Prazeres e Paixões. A cultura sexual no Brasil Contemporâneo*, p. 103. São Paulo, Editora Best Seller, 1991.

[92] DEILFELT, Wanda (pastora da Igreja Evangélica de Confissão Luterana no Brasil). "Gênero e AIDS: o desafio das mulheres diante da pandemia do HIV." *Igreja e AIDS: Presença e Resposta*. Editora São Miguel, Porto Alegre, 2004.

A falta de percepção pelas mulheres de que são vulneráveis à AIDS, e sua consequente atitude de distanciamento da doença, está ligada ao fato de que a imagem social da epidemia ainda tem no homossexual e na prostituta seus principais personagens (GUIMARÃES, Dora, 1996). Assim, a AIDS tem sido construída como uma doença derivada de condutas erradas ou pecaminosas, que não condiziriam com seu relacionamento ou com seu parceiro (VILLELA, 1996).

A fim de percebermos quem são as mulheres casadas e vulneráveis sobre as quais se fala, recorremos às entrevistas realizadas com mulheres portadoras do vírus HIV.[93]

Como a senhora contraiu o vírus da AIDS?

"Meu marido adoeceu. Aí meu cunhado trouxe ele e internou. Foram descobrir que ele estava. Dr. Juliano me chamou e falou para eu fazer o exame porque eu devia de estar. Eu falei: 'Não acredito'. Aí eu fiz o exame, deu. (...) Meu marido não toma mais remédio, por conta dele. Mas eu não considero mais como marido, porque a situação dentro de casa, depois de ele ter trazido esta doença para mim. Durmo separada dele. (...) Vivo com ele, mas cama separada, quarto separado. Não tenho mais, como se dizer? Graça nele. Eu olho nele como se fosse meu irmão. Perdi tudo, não tenho mais nada."

---

[93] As entrevistas foram realizadas na Oficina Terapêutica de Papel Reciclado, que funciona na Unicamp. A Oficina é uma fonte de geração de renda para os 30 soropositivos que participam do trabalho patrocinado pela Petrobrás, mas que pretende ser auto-sustentável. Os soropositivos que aí trabalham possuem baixa renda e pouco grau de instrução e fazem seu tratamento no Hospital de Clínicas da Unicamp. Como havia, na época da entrevista, mais mulheres que homens na Oficina, selecionou-se uma amostra que correspondesse ao número proporcional de homens e mulheres. As entrevistas foram realizadas durante o mês de março de 2004. Todos os nomes dos entrevistados são fictícios.

Seu marido usava drogas?

"Não, a única coisa dele é sem-vergonhice, mesmo."

A senhora sabia que as mulheres têm sido cada vez mais atingidas dentro de casa?

Exatamente, se eu soubesse disso eu tinha traído ele também. Mas ele me traiu primeiro, né? Aí eu dancei. (...) Eles (seus filhos) nem sabem que eu tenho. Pensam que só o pai que tem" (Sonia, 37 anos).

A partir desse depoimento, podemos perceber os significados que tem a infidelidade masculina, no que diz respeito ao conflito que coloca à identidade social dessas mulheres que, conforme Dora Guimarães, tem raízes em um sistema de representações cujo mais alto valor é o da família e da casa:

"Para ele, sua infecção pela via sexual é fruto de um pecado menor ocorrido no seu espaço de rua, física e moralmente externo ao âmbito da casa. Para a mulher, entretanto, além da infração evidenciar a falha masculina em cumprir o seu compromisso moral de respeito e obrigação no contexto da casa e perante os filhos, a sua infecção através do marido/companheiro rompe o vínculo indissolúvel entre sexo e amor, desestrutura as principais dimensões associadas a sua identidade de mulher *do lar* – a de esposa e mãe – e a joga, por assim dizer, na rua, junto com a *outra mulher*". [94]

Não podemos deixar de considerar que o valor-família, de que fala a autora, é constituído por um conjunto de idéias e con-

---

[94] GUIMARÃES, Carmem Dora. "'Mas eu conheço ele!': Um método de prevenção do HIV/AIDS". *Quebrando o silêncio: mulheres e AIDS no Brasil*, p. 176.

cepções, dos quais a moralidade católica tem grande influência. Segundo Pe. Trasferetti: "A Igreja sempre devotou particular estima à família e ao casamento. (...) é na família que o ser humano recebe as primeiras instruções fundamentais a respeito dos valores do bem e da verdade, aprende a amar e ser amado, experimenta a liberdade e constrói sua personalidade. É na família que se torna pessoa" (TRASFERETTI, 2001, p. 11). Coloca-se de acordo com o documento da CNBB: "(...) (a família) é um dos bens mais preciosos da humanidade; fundamento da própria sociedade; primeira escola de virtudes sociais" (CNBB. Igreja e Comunicação. Estudos da CNBB *apud* TRASFERETTI, 2001).

Sobre o casamento, afirma o documento pontifício:

> "O matrimônio cristão é um sacramento pelo qual a sexualidade é integrada num caminho de santidade, com um vínculo reforçado na sua indissolúvel unidade: 'O dom do sacramento é, ao mesmo tempo, vocação de dever dos esposos cristãos, para que permaneçam fiéis um ao outro para sempre, para além de todas as provas e dificuldades, em generosa obediência à santa vontade do Senhor: *O que Deus uniu, não separe o homem*".[95]

Percebemos, assim, que o conceito de família, fundada com o matrimônio e entendida, enquanto lugar de criação e de educação dos filhos, como fundamento da sociedade, faz parte do imaginário social das pessoas, notadamente das mulheres casadas. Bem como o casamento e sua indissolubilidade, ao menos

---

[95] Conselho Pontifício para a Família. *Sexualidade Humana: verdade e significado – orientações educativas em família.* São Paulo: Paulus, 1996.

na teoria, e os papéis que devem ser desempenhados tanto pela mulher como pelo homem. Dessa forma, a identidade social dessas mulheres constituída em cima desses valores torna-se um fator de sua vulnerabilidade, tendo em vista que a infidelidade do homem é muitas vezes tolerada para que não ameace sua referência afetiva e sua segurança material.

Além da confiabilidade instituída entre os parceiros ter um significado para as relações matrimoniais ou estáveis, as mulheres não detêm, normalmente, o poder de decisão sobre o uso de contraceptivos ou do preservativo, que dirá o direito de falar sobre as relações extraconjugais do marido (GUIMARÃES, Kátia, 1996). No trecho desta entrevista com uma portadora do vírus HIV, se anteveêm a falta de informação com relação às formas de prevenção ao HIV/AIDS e certa passividade no que diz respeito a sua vida e conduta sexual:

Qual a melhor forma de se prevenir contra o HIV?

"A maneira que eu acho é a camisinha, porque eu nunca usei. Eu nem sei como é que usa. Se um dia eu for ter que sair com alguém, eu não vou saber usar isso. Porque eu não sei o que é camisinha. Por isso que eu caí nessa. Todo mundo falava: 'Sonia, mesmo com seu marido, usa camisinha'. Eu falava: 'meu marido é fiel comigo, eu colocava a mão no fogo pelo meu marido. Hoje eu me arrependo'" (Sonia, 37 anos).

Segundo a autora, o conformismo e o silêncio característico das mulheres em relação a seu corpo e a sua sexualidade refletem-se sobre sua vida afetiva e sexual. Por isso, apesar de a infidelidade do parceiro lhes causar dor e sofrimento, não lhes é legítimo interferir sobre esta atitude tida quase como natural entre os homens. Abordar a infidelidade do marido significa tornar explícito o sentimento de desinteresse sexual dele e, por isso, ela prefere silenciar-se.

De fato, a transmissão de doenças sexualmente transmissíveis, como a AIDS, a gravidez indesejada e o aborto espontâneo são algumas conseqüências para a saúde física das mulheres que sofrem a vitimização de gênero, em razão da dificuldade de se adotarem práticas contraceptivas ou preservativos em suas relações sexuais com seus parceiros. O abuso emocional e psicológico pode ser tão danificante quanto a violência física; os efeitos relacionados com o trauma são exacerbados pelo fato de o agressor ser um conhecido íntimo, o que aumenta as sensações de vulnerabilidade, perda, traição e falta de esperança. Mais ainda, segundo Heise, estas mulheres estão "(...) mais propensas a aceitar a vitimização como sendo parte da sua condição de mulher".[96]

Conforme Villela (1996), o poder, entendido numa dimensão horizontal, entra em questão no conceito de gênero, em que homens e mulheres intercambiam posições provisórias de poder, como forma de assegurar aquilo que é vivido como legítimo e necessário a cada momento de suas vidas. A sexualidade reprimida das mulheres permite um grande controle dos homens sobre suas vidas, mas é através desta que exercem seu contrapoder: a sedução; isto é, a concessão do prazer sexual ao homem passa a ser trocada por valores, essencialmente materiais, quando nos referimos às mulheres de classe baixa. Des-

---

[96] Heise *apud* Karen Giffin. "Violência de gênero, sexualidade e saúde." Caderno de Saúde Pública, v. 10, supl. 1, Rio de Janeiro, 1994.

sa forma, torna-se possível pensar como se torna problemático para a mulher intervir na vida sexual de seus parceiros, considerando-se que sai em desvantagem na negociação sexual.

Prevenir a AIDS dentro de casa

Perceber-se como vítima na cadeia de transmissão sexual do vírus é perpetuar seu papel tradicional dentro da relação com o homem. Os sujeitos que proferem o discurso médico-científico referem-se à valorização da fidelidade pela mulher como uma reedição dos juízos de valor moral, que contribui para a disseminação da epidemia entre as mulheres. Entretanto, a sugestão e o uso do preservativo no ato conjugal significam, na maioria das vezes, a desconfiança e a suspeita de infidelidade:

"Não tem como ela se prevenir porque não sabe o que o marido vai levar para dentro de casa. Que nem aconteceu comigo, de repente, eu confiava demais no meu marido, fui fazer o exame com a consciência limpa de que não ia dar nada, que eu não ia ter nada, e fiz o exame e deu positivo, então não tem como ela se prevenir, vai exigir para o marido que use um preservativo?".

Você via o preservativo como um meio de se prevenir contra a AIDS ou de evitar a gravidez?

"Eu não via nem um nem outro, porque eu evitava a gravidez tomando remédio e confiava demais no meu marido (Rosa, 31 anos).

Aqui se torna claro como as justificativas baseadas no conhecimento e na confiança são o método de prevenção mais usado para a AIDS, neste caso, pelas mulheres casadas (GUIMARÃES, Carmem, 1996), de modo que mais do que se prevenir contra um vírus ou um indivíduo, elas visam se prevenir contra o risco de perder sua identidade social digna. Vale dizer, segundo a autora, o risco da infecção pelo HIV está no relacionamento com indivíduos periféricos ao núcleo familiar – os viados, as bichas, os travestis e as piranhas. "São essas figuras ameaçadoras da unidade familiar que exigem maior cuidado e distância – e não o homem de seu meio que vive do trabalho, luta para 'botar comida dentro de casa' e lhe é complementar" (idem, p. 177).

Partimos da hipótese de que a infecção crescente entre mulheres casadas é uma situação problemática para a Igreja Católica. Ainda mais se levarmos em conta que a infidelidade fere a legitimidade do matrimônio e quaisquer princípios morais que se tomem por base. No tocante à posição da mulher, esta também tem pouco espaço de atuação, já que não lhe cabe colocar em jogo o fim do casamento, algo igualmente ilegítimo.

Quando a Pastoral de DST/AIDS propõe-se a trabalhar com prevenção à AIDS, dirigida às mulheres, inexoravelmente depara-se com essas peculiaridades da infecção feminina, que questionam a "validade" dos preceitos morais. Devemos saber que, certamente, a proposta de prevenção da Pastoral não coincide com o discurso médico-científico, que é também o mais divulgado e o que parece ter certa aceitação pelas pessoas. Queremos dizer com isso que a Pastoral, ou os seus religiosos, não promovem a negociação sexual entre os cônjuges, com vistas a outorgar às mulheres o poder de exigir o preservativo. Fundamentalmente, a principal medida de prevenção que os religiosos da Pastoral de DST/AIDS aconselham às mulheres é o diálogo com os seus companheiros e um relacionamento baseado na fidelidade e na transparência. Quanto ao uso do preservativo pelo casal como prevenção à AIDS, frei Bernardi acredita que:

> "(...) se torna muito difícil por causa da negociação, por causa da cultura muito machista que nós temos, do predomínio do homem. Eu vejo que não é fácil, em uma relação estável, se negociar o uso do preservativo, a não ser que alie com a questão da contracepção. (...) Não estou falando do ponto de vista religioso, na sociedade de um modo geral, um homem e uma mulher estabelecem uma relação com base na fidelidade. Tanto que o fato de parar de usar o preservativo assim que estabiliza uma relação é sinal disso" (Frei José Bernardi, em entrevista).

Os homens casados[97] acreditam que a esposa deve confiar no marido, estando impedida de solicitar que ele utilize o preservativo para prevenir DST/AIDS, o que confirmaria sua infidelidade. Ainda que a infidelidade masculina possa ser presumida, o homem deve manter as aparências, porquanto ela não é confessável. Para estes homens, a expressão da sexualidade masculina é vista como mais intensa e incontrolável que a da mulher, necessitando de satisfação imediata. Por isso eles dizem que o homem nunca deve recusar uma mulher que se coloque

---

[97] GUERRIERO, Iara, AYRES, José Ricardo CM, e HEARST, Norman. "Masculinidade e vulnerabilidade ao HIV de homens heterossexuais em São Paulo." *Revista Saúde Pública,* 2002; 36(4 Supl): 50-60. A pesquisa foi realizada com homens motoristas de ônibus integrantes de uma Comissão Interna de Prevenção de Acidentes em uma empresa de transportes coletivos na cidade de SP. O método baseou-se em entrevistas individuais do tipo história de vida e na realização de oficinas de sexo seguro, reprodução e DST/AIDS. Todos os homens são casados, soronegativos para o HIV, tem idade entre 20 e 49 anos, mínimo de quatro anos de escolaridade e máximo de 12 anos. Dentre os dez entrevistados, sete declararam-se católicos, mas apenas dois são praticantes.

disponível para o relacionamento sexual; se agir assim, poderá ser considerado menos viril por ela ou por outros homens.

As representações da fidelidade entre os homens casados, segundo Silva (2002), não é a recusa a ter relações fora do casamento. Para uma parte considerável dos homens entrevistados pela autora, moradores de um bairro periférico da cidade de São Paulo, a fidelidade está em não deixar que as "aventuras" – que se justificam apenas pelo sexo em si – interfiram no casamento, que é valorizado também pelo sexo, mas sobretudo, pelo amor à esposa. Diante da percepção de risco da AIDS, o homem fiel não deixa de usar camisinha em relações "fora" de casa ou na rua, para que o risco do contágio não se estenda ao sexo que é praticado "dentro" de casa.

Naturalizada, a infidelidade é vista como um aspecto imutável dos homens. A fidelidade, ao contrário, é algo vivido como um prejuízo para a masculinidade, que leva à perda do interesse sexual pela esposa. Como colocam os autores, existem diferentes posições, algumas das quais podem ser consideradas mais conservadoras, no sentido de mais conformadas às normas de gênero, ao delinear o parceiro sexual da esposa como algo muito diverso do que ter relações sexuais com mulheres "na rua". Concomitante a esta idéia, alguns homens relataram que o sexo doméstico tem o objetivo de procriação, sendo, por isso, relacionado ao sexo vaginal. Nem todas as práticas sexuais são consideradas possíveis com a esposa, como o sexo anal. Todavia, os homens que se declararam fiéis tendem a considerar legítimo diversificar as práticas sexuais com a esposa.

A procura por amantes, por mulheres fora do casamento, que atestem sua virilidade, aumenta o risco dos homens de infecção pelo HIV. Devido à falta de informação quanto às formas de transmissão sexual e de prevenção à AIDS, eles costumam não usar preservativo em suas relações extraconjugais. O preservativo é visto de maneira negativa, pois afeta o seu desempenho sexual.

Os homens delineiam a sexualidade feminina de forma diversa, atribuindo valor à virgindade e à figura inocente da mulher. A infidelidade feminina não pode ser de maneira alguma aceita, já que ela indica a deficiência do marido, que eles alegam à falta de carinho e atenção:

> "Pra mulher; eu acho que é o seguinte, que também não é fácil, mas a mulher é criada, desde pequena escuta dizer que a mãe foi traída, que fulana foi traída, ela não quer enquadrar a traição (explicitar sua aceitação), mas ela aceita mais fácil do que o homem. Porque ela, dali ela renova. O homem não. O homem tá acostumado a ser machão, ele não aceita traição. Traição prum homem é matar a mulher" (meio oficial de mecânico, 34 anos).[98]

A dupla moral é identificada pelo teólogo Antonio Moser como parte de nossa "cultura da infidelidade", pouco gloriosa em termos de comportamentos sexuais, em razão da quase-ausência de norma e de valor. Afigura-se que a moral sexual da Igreja contribui, de certo modo, para legitimar os significados da sexualidade feminina e da sexualidade masculina:

> "É interessante que os pais, às vezes, incentivam seus filhos homens ao sexo, mas não admitem que a mulher, por

---

[98] GUERRIERO ET AL, *op. cit.*, p. 54.

exemplo, sua filha receba o namorado e mantenha relações sexuais com seu namorado. (...) Daí ele concorda com a posição da Igreja com relação a sua filha e não concorda quando se refere ao filho"[99] (Dom José Maria Pinheiro, Bispo auxiliar de Guarajá-Mirim – RO).

Reconhecidas assim pelo bispo da Igreja Católica, as representações sociais em torno de gênero e de sexualidade, que delineiam os lugares do homem e da mulher no matrimônio, reservam à mulher pouca autonomia e poder de decisão sobre sua sexualidade e seu corpo. O desconhecimento sobre "os direitos reprodutivos, entendidos como o direito de as mulheres usufruírem uma vida sexual, se assim desejarem, de escolher se, quando, com quem e como vão ter filhos" e sobre planejamento familiar é evidente entre as mulheres das camadas sociais mais baixas.[100]

Diante do imaginário social sobre os papéis do homem e da mulher na relação conjugal, os autores sugerem uma prevenção da AIDS que opere dentro do estilo de vida escolhido pela pessoa, e não tente mudá-lo. Isto implica dotar a camisinha de significados que sejam concordantes com a postura da supremacia masculina, como "ser responsável" por proteger a esposa da infecção pelo HIV e "ser bom provedor" de sua família, utilizando a camisinha como método contraceptivo em suas relações extraconjugais. A prevenção é então controlada pela iniciativa e vontade do homem, considerada uma estratégia emergencial, ainda que a longo pra-

---

[99] Dom José Maria Pinheiro, Bispo auxiliar de Guarajá-Mirim – RO *apud* TRASFERETTI, Átomo, 2005.
[100] BARBOSA, Maria Regina. "Um olhar de gênero sobre a epidemia de AIDS", p. 354.

zo, a intenção seja a mudança do significado da camisinha como "um símbolo de intimidade, confiança e diálogo entre o casal".[101]

Nesse discurso, percebemos a noção que constrói e defende o "sexo seguro", ou seja, a segurança mútua de cada um dos parceiros torna-se mais importante que o questionamento e a valoração da fidelidade e da confiança, como aspectos que devem ser levados em conta em uma negociação sexual. É por esta razão que este discurso destoa da concepção religiosa da Igreja:

> "Fica fora de questionamento que a prática da castidade (pré-matrimonial) e da fidelidade matrimonial, defendidas e incentivadas pela Igreja Católica, constitui, de fato, ação preventiva das DST/AIDS de indubitável efeito".[102]

Não são raras as campanhas do Ministério da Saúde que pretenderam atingir os homens. A campanha para o Dia Mundial de Luta contra a AIDS, em 2001, falava aos homens com relações estáveis, considerados uma parcela da população ainda pouco atingida pelas ações, com o slogan: "Não leve AIDS para casa. Use camisinha".[103] O filme televisivo mostrava um menino oferecendo um preservativo ao pai, que supostamente estava saindo de casa para procurar o sexo com outras mulheres. Ele dizia: "Pai, se você precisar, usa isso?"

---

[101] GUERRIERO ET AL, *op. cit.*, p. 59.

[102] TRASFERETTI, José. *Pastoral da Família e AIDS: comunicação, saúde e conscientização*, 2001, p.16.

[103] "Dia Mundial de Luta contra a AIDS. Campanha enfoca homens com relação estável." Disponível em: http://www.portalglx.com.br (acesso em 20 outubro 2004).

A coordenação do Programa Nacional de DST/AIDS diz que "a construção do comportamento masculino segue o padrão das desigualdades entre os gêneros, reforçando uma hierarquia do poder masculino sobre o feminino, dificultando a negociação de direitos da mulher. (...) As 'outras' são o resultado de uma 'atração' natural, que acontece no dia-a-dia, uma relação sem compromisso, mas onde ele se sente importante". Esta campanha corrobora uma imagem social da masculinidade, através da criança informada que fala ao pai vulnerável sobre a necessidade do sexo seguro para proteger a mãe frágil e impotente, se pensarmos nos sentidos metafóricos que podem ser atribuídos à mensagem.

A campanha, porque trata quase que explicitamente da infidelidade matrimonial e questiona, portanto, os valores conferidos à família, foi alvo de críticas da Igreja Católica, que comumente acusa o governo de incentivar as relações sexuais promíscuas. Uma das maiores polêmicas envolvendo a Igreja e o Estado aconteceu durante a campanha veiculada no carnaval de 2001, em que um "anjinho" impedia um rapaz de se aproximar de uma moça em um baile porque estava sem a camisinha, neste caso, até o "diabinho" concordou com ele. A CNBB pronunciou-se contra porque a campanha estaria debochando dos símbolos sagrados do cristianismo: o bem e o mal, o anjo e o diabo.[104]

Os pronunciamentos contrários da Igreja não têm o poder de mudar a forma e o conteúdo principal da campanha, ainda que a instituição seja um interlocutor importante das mensa-

---

[104] TRASFERETTI, José Antonio. "O pensamento da CNBB frente às campanhas de prevenção à AIDS", p. 81. *Teologia e sexualidade: um ensaio contra a exclusão moral.* Campinas, Editora Átomo, 2004.

gens publicitárias. Basta lembrar da campanha que dizia: "Camisinha. Pecado é não usar". E de tanto a Igreja falar que a camisinha não é um preservativo seguro, a campanha do governo, para o carnaval de 2004, teve como tema: "Camisinha. Use e confie", ressaltando a elasticidade e a eficácia da camisinha.

Mulher e homem na Igreja

Motivados pela feminização da AIDS, muitos estudos e indagações têm sido feitos a respeito das vulnerabilidades sociais das mulheres à epidemia, bem como releituras das perspectivas de gênero que tornem possível encampar os direcionamentos que revertam esta situação e que dotem as mulheres de *empowerment*.

As relações entre homens e mulheres, especialmente aquelas que afetem o casamento e a família são temas de muitos documentos da Igreja Católica; como este, que pensa a respeito dos desdobramentos da subordinação da mulher na sociedade, a partir das apropriações feitas pelas "concepções antropológicas modernas":

"Para evitar qualquer supremacia de um ou de outro sexo, tende-se a eliminar as suas diferenças, considerando-as simples efeitos de um condicionamento histórico-cultural. Neste nivelamento, a diferença corpórea, chamada *sexo*, é minimizada, ao passo que a dimensão estritamente cultural, chamada *gênero*, é sublinhada ao máximo e considerada primária. O obscurecimento da diferença ou dualidade dos sexos é grávido de enormes conseqüências a diversos níveis. Uma tal antropologia, que entendia favorecer perspectivas igualitárias para a mulher, libertando-a de todo o determinismo biológico, acabou de fato por inspirar ideologias que promovem, por exemplo, o questionamento da família, por sua índole natural biparental, ou seja, composta de pai e de mãe, a equiparação da homossexualidade à heterossexualidade, um novo modelo de sexualidade polimórfica"[105].

O documento dialoga com a categoria de gênero, que tem merecido uma grande atenção nas discussões da antropologia da mulher. Para explicar as feições que o feminino e o masculino assumem em diversas culturas, o termo gênero substitui "papéis sexuais", em contraste com a dimensão anátomo-fisiológica dos seres humanos. A Igreja entende que esta perspectiva desconsidera as diferenças próprias entre homem e mulher e, fazendo isso, questiona os princípios geradores da família, permitindo sua comparação à união entre pessoas do mesmo sexo.

É por esse motivo que o documento afirma, exaustivamente, a diferença entre o sexo masculino e o sexo feminino, que teria sido relegado a um segundo plano por esta perspectiva antropológica que desconsideraria ainda a natureza humana. Segundo o documento, em tal concepção, "cada pessoa poderia e deveria modelar-se a seu gosto, uma vez que estaria livre de toda predeterminação ligada a sua constituição essencial".[106]

Essa interpretação do magistério da Igreja sobre as nuances culturais do feminino e do masculino é, de certa forma,

---

[105] RATZINGER, Joseph Cardeal, prefeito da Congregação para a Doutrina da Fé. "Carta aos Bispos da Igreja Católica sobre a colaboração do homem e da mulher na Igreja e no mundo." Disponível em: http://www.vatican.va

[106] RATZINGER, Joseph Cardeal, *op. cit.*

compartilhada pela teologia católica e, novamente, aludindo ao tema do lugar da homossexualidade:

> "(...) reduz-se toda diferenciação ao caráter cultural. A igualdade acaba por transformar-se em nivelamento que elimina características próprias do masculino e do feminino. (...) relativizar a ponto de tirar qualquer perspectiva de singularidade masculina e feminina e, digamos, de uma certa prioridade do heterossexual sobre o homossexual, isso ainda não consigo acompanhar".[107]

Heilborn adverte que o gênero é um elemento constitutivo da razão simbólica; não é possível, com a intenção de delinear um universo igualitário entre homens e mulheres, abolir as diferenças que se constroem entre os sexos.[108] Segundo a antropóloga, não se trata apenas de afirmar que os gêneros possuem conteúdos constrativos e complementares. A lógica interna das construções de gênero está referida ao plano estrutural da hierarquia, onde a relação masculino-feminino é uma co-relação, em que o vínculo primeiro reside na relação homem/homem, atrelada à problemática da diferença. De tal forma que a assimetria entre os sexos, construída pela relação homem-mulher, opera nos termos de uma oposição de caráter hierárquico, tais como marcação/não-marcação, descontinuidade/continuidade, deslocamento/permanência, atividade/passividade.

Essa hipótese interpretativa ilumina as razões da assimetria valorativa a favor do masculino, na totalidade das socieda-

---

[107] **Morte e Vida na Teologia**: o homossexualismo e a AIDS na reflexão do teólogo Jaime Snoek.

[108] HEILBORN, Maria Luiza. "Gênero e Hierarquia. A costela de Adão revisitada." Revista Estudos Feministas. Vol. 1, n.1/1993, p. 64.

des, ou porque há uma "maior elaboração simbólica do gênero masculino relativamente a menor marcação do feminino", e da maior proximidade da mulher da natureza. "A essa produção do masculino equaciona-se a do valor instituinte da cultura, impelindo tal gênero a situar-se sempre na posição de englobante frente ao feminino."[109] Aproveitando-se de sua utilíssima metáfora, o feminino afirma-se como valor social englobado assim como pode ser visualizado pela "costela de Adão".

A Igreja reporta-se ao relato da criação para dizer que a mulher foi criada da mesma carne, como um outro ser que está ao mesmo nível de *Adam*, oferecendo-lhe uma *ajuda*. "O termo indica aqui, não um papel subalterno, mas uma ajuda vital":

> "Entre os valores fundamentais relacionados com a vida concreta da mulher, existe o que se chama a sua 'capacidade para o outro'. Não obstante o fato de um certo discurso feminista reivindicar as exigências 'para ela mesma', a mulher conserva a intuição profunda de que o melhor da sua vida é feito de atividades orientadas para o despertar do outro, para o seu crescimento, a sua proteção. (...) Na unidade dos dois, o homem e a mulher são chamados, desde o início, não só a existir um ao lado do outro ou juntos, mas também a existir reciprocamente 'um para o outro'. O Texto de Gênesis indica que o matrimônio é a primeira e, num certo sentido, a fundamental dimensão desta chamada".[110]

---

[109] HEILBORN, Maria Luiza. *op. cit.*, p. 70.

[110] RATZINGER, Joseph Cardeal, *op. cit.*

Conforme o documento, a antropologia bíblica revela que o domínio de um sexo sobre o outro, isto é, as relações marcadas pela concupiscência e pela tendência a subjugar foram instauradas pela ruptura com Deus por causa do pecado cometido pelo casal primitivo. Os problemas que envolvem a diferença de sexo, porém, são superados pela "(...) vitória da fidelidade sobre as fraquezas, sobre as feridas recebidas e sobre os pecados do casal".

Na realidade, o documento da Igreja Católica inscreve sua crítica ao que se convencionou chamar de feminismo igualitário, que se colocando contra a opressão inaugurada pelo sistema sexo/gênero, discrimina a indicação anátomo-fisiológica da elaboração cultural, anunciando-se nisso a interveniência do arbitrário como emblema da cultura. Diante disso, a maternidade seria um defeito biológico natural, que designa o lugar das mulheres na família e na sociedade, sendo a causa principal da dominação masculina[111].

O magistério da Igreja caracteriza o "ser mãe" de maneira bem adversa, já que confia à mulher uma identidade na família e no trabalho, diferente da do homem. O documento menciona o papel insubstituível da mulher em todos os aspectos da vida social que envolvam relações humanas e o cuidado do outro:

> "Uma tal intuição é ligada a sua capacidade física de dar a vida. (...) Embora a maternidade seja um elemento-chave da identidade feminina, isso não autoriza abso-

---

[111] Scavone, Lucila. "A maternidade e o feminismo: diálogo com as ciências sociais." Cadernos pagu (16) 2001, p. 138.

lutamente a considerar a mulher apenas sob o perfil da procriação biológica. Podem haver nesse sentido graves exageros que exaltam uma fecundidade biológica em termos vitalistas e que frequentemente são acompanhados de um perigoso desprezo da mulher".[112]

Os valores morais e religiosos têm grande influência na constituição da identidade social da mulher como esposa e mãe. A maternidade não é tida como o foco da dominação masculina, mas investe-se de um significado social que identifica e, inclusive, valoriza a mulher. A proposta de prevenção da Pastoral de DST/AIDS, revelada no *II Seminário de Prevenção: Mulher e AIDS, vulnerável, mas protagonista,* instiga-nos a compreender qual é realmente o espaço reservado para o protagonismo da mulher:

"Ela se torna protagonista... Movimentos femininos, organizações étnicas, associações, entidades são fomentadas e, a partir das próprias mulheres, vão estabelecendo relações novas, defendendo os direitos, garantindo as conquistas. (...) percebeu-se que a mulher embora padeça por suas vulnerabilidades, arranca desde dentro a vitalidade que refaz e reconstrói a vida, a esperança e a coragem de lutar. (...) A gravidez é também a metáfora da capacidade criadora da mulher. Vida que no silêncio, em segredo e aos poucos, vai-se desenvolvendo e irrompe como sonho de uma nova história".[113]

---

[112] RATZINGER, Joseph Cardeal. *Op. cit.*
[113] II Seminário de Prevenção: Mulher e AIDS, vulnerável, mas protagonista. "Fato." Boletim da Pastoral de DST/AIDS – CNBB. Dezembro de 2003 – Ano II – n. 6.

Assim como frei Bernardi o faz, pensar os novos significados atribuídos à maternidade por discursos e ações que estão à volta com o crescimento da epidemia da AIDS entre as mulheres parece ser um caminho relevante e produtivo:

"A maternidade envolve todo o mistério da mulher; quem detém o protagonismo da geração, do cuidado, de fazer vir à luz uma nova criatura é a mulher. Então, nesse sentido, ela é protagonista enquanto ela produz vida, ela gera vida. E, claro, mesmo em situações muito adversas, mesmo em situações que a gente esperaria que ela não gerasse, estou pensando em mulheres portadoras de deficiências, problemas de saúde mental, mulheres com HIV, mulheres com outras doenças sérias, e mesmo nessa situação, a vida ainda teima em se manifestar, em aparecer. Eu acho que essa é uma força da mulher, enquanto ela gera vida, que é um sinal do protagonismo feminino" (Frei José Bernardi, em entrevista).

Nesse sentido, recolocar o problema em termos da valorização do saber feminino, associado a este fenômeno bio-psíquico-social, parece conceder à mulher a visibilidade de seu poder ante a sociedade[114]:

"Sem entrar nas polêmicas do movimento feminista, negar a capacidade da maternidade da mulher é diminuir a mulher. Eu não quero mulheres que vivam a semelhança com o homem. Não é masculinização da mulher que a gente pretende com o

---

[114] SCAVONE, Lucila. "A maternidade e o feminismo: diálogo com as ciências sociais." Cadernos pagu (16) 2001: p. 141. Segundo a autora, essa abordagem situa-se na corrente do feminismo diferencialista, refletindo suas lutas pela afirmação das diferenças e da identidade feminina.

movimento feminista. Não quer dizer que todas as mulheres, obrigatoriamente, para ser mulher, têm de ser mães, mas negar que seja constitutivo da feminilidade o aspecto da maternidade, parece que é empobrecer o feminino" (Frei José Bernardi, em entrevista).

Em sua última campanha para o dia mundial de luta contra a AIDS, a Pastoral de DST/AIDS, através da distribuição de cartazes informativos, escolheu o tema da prevenção da transmissão vertical, ou seja, da mãe soropositiva para o filho. Com o slogan: "Transmita Vida", as informações atentavam para a necessidade da gestante ou da mulher que deseja ter filhos fazer o pré-natal e de se evitar a sífilis, uma DST que aumenta o risco de transmissão sexual do HIV. Ainda que não fale da camisinha como meio de prevenção, a opção pela maternidade para abordar a participação feminina na epidemia, é um significado mais latente. A assistência à maternidade tem sido elegida como o momento de detecção da infecção pelo HIV em mulheres.[115]

Ainda que a Igreja possa contribuir de diversas maneiras para significar as representações em torno do papel social da mulher, esta tem encontrado situações, e podemos dizer que a feminização da AIDS é uma delas, em que se torna penoso sustentar as orientações da moral sexual. Católicas praticantes demonstram a defasagem entre suas práticas sexuais e reprodutivas e o discurso oficial da Igreja, com relação à ampla adesão aos métodos anticoncepcionais, à iniciação sexual antes do casamento e até certa tolerância ao aborto.

---

[115] BARBOSA, Regina Maria. "Um olhar de gênero sobre a epidemia da AIDS." *Sexo e Vida: panorama da saúde reprodutiva no Brasil.* Elza Berquó (organizadora).

As relações de gênero são de fato trazidas à discussão diante da transmissão heterossexual do HIV. No que pese a sua significação para o imaginário religioso, este é intimamente instigado pelas representações acerca da infidelidade e dos papéis dos homens e das mulheres dentro do casamento. Conforme Richard Parker,[116] na cultura brasileira contemporânea, a oposição simbólica básica entre a casa e a rua, a partir da distinção entre normas privadas e públicas, é central à organização da vida cotidiana. Do mesmo modo, o sistema de significados eróticos estrutura o comportamento sexual de forma bastante significativa. Na ideologia do erotismo, as estruturas da vida diária são relativizadas e rearranjadas, sob a perspectiva da transgressão, simbolizada por um conjunto de imagens sexuais, como a sacanagem, a dinâmica do desejo e da excitação.

A hierarquia do erotismo, ao subverter e relativizar a estrutura da vida cotidiana normal, confere significado à infecção pelo HIV através da relação sexual entre cônjuges. Em que a busca pelas experiências sexuais, associadas à liberdade individual, à tentação, ao risco e ao perigo da rua, invade o espaço recluso da casa, lugar da sexualidade doméstica, adequadamente reprodutiva, própria da vida familiar.

---

[116] PARKER, Richard. "Diversidade sexual, análise sexual e educação", p. 145. *AIDS e sexualidade: o ponto de vista das ciências humanas.* Maria Andréa Loyola (organizadora). Rio de Janeiro: Relume-Dumará: UERJ, 1994.

CONCLUSÃO

A revolução sexual teria ocorrido em meados da segunda metade do século XX, em função de determinados acontecimentos, tais como a popularização da pílula anticoncepcional e de outros métodos contraceptivos, a descoberta de eficazes antibióticos no controle das DST, a discriminalização do aborto em alguns países, a expansão dos movimentos sociais, como o de mulheres e de homossexuais.

Para Giddens, a revolução sexual faz parte de um processo efetivo de transformação da cultura sexual, na qual o vínculo entre sexualidade e reprodução dá lugar à sexualidade plástica. A introdução dos modernos métodos de contracepção teve como condição a contração no tamanho da família, a qual se desenvolve principalmente por iniciativa da própria família das sociedades modernas. A contracepção, que, segundo o autor, é a expressão tecnológica mais óbvia da reprodução como um sistema internamente referencial, marcou uma profunda transição na vida pessoal. "Para as mulheres – e, em certo sentido, diferente também para os homens – a sexualidade tornou-se maleável, sujeita a ser assumida de diversas maneiras, e uma 'propriedade' potencial dos indivíduos."[117] Com as novas tecnologias reprodutivas, em que a reprodução pode se dar na ausência da atividade sexual, a sexualidade torna-se plenamente autônoma.

Nesse processo, Giddens coloca que a experiência sexual tem sido mais livremente disponível do que jamais o foi, em decorrência da derrocada da tradição. O desenvolvimento do eu, cuja identidade sexual torna-se uma parte central, é agora conduzido em meio a uma profusão de recursos reflexivos, como terapias, manuais de auto-ajuda de todos os tipos, programas de televisão e artigos de revistas.[118]

De certo, comportamentos sexuais antes classificados como pecado ou doença, como a homossexualidade, a bissexualidade, a felação, o travestismo, o sadomasoquismo e o exibicionismo, ainda que continuem sendo constrastados à norma do comportamento convencional, são tidos mais como de preferência pessoal e variações de uma diversidade natural, do que de perversões morais. Dentro de um processo que Parker chama de modernização da vida sexual no Brasil contemporâneo, e que se acentua diante da epidemia da AIDS.[119]

Constatamos que a AIDS consolida a dissociação entre sexualidade e reprodução. Como colocou Giddens, a socialização da reprodução é decorrente da perda da influência dos traços morais e éticos tradicionais. Para Frei José Bernardi, "o exercício da sexualidade tem se desvinculado do ato de procriar, embora a Igreja insista em ligá-lo à procriação". De fato, para a

---

[117] GIDDENS, Anthony. Op. cit., p. 37.
[118] IDEM, p. 91.
[119] PARKER, Richard. Op. cit., p. 144.

Igreja Católica, a sexualidade reveste-se de sentido em razão da procriação, como percebemos nos documentos a que nos referimos. A reprodução humana tem um significado transcendente e central para a doutrina da Igreja, que não reconhece suas diferentes apropriações culturais:

> "Tais princípios e tais normas não detém, de maneira nenhuma, a sua origem num determinado tipo de cultura, mas sim no conhecimento da lei divina e da natureza humana"[120].

O discurso sobre prevenção à AIDS da CNBB está fundamentado nesse princípio, que relaciona o exercício da sexualidade e do prazer à imutabilidade da natureza humana. A Pastoral de DST/AIDS não se identifica com essa concepção de sexualidade. Pelo contrário, introduz a flexibilização de certos preceitos da moral sexual.

Como vimos, com o objetivo de se controlar sua epidemia, a AIDS tornou se objeto de discursos preventivos que incidem sobre a conduta sexual. Mott concorda em dizer que a epidemia da AIDS tem colaborado para a liberação do discurso sexual, para a maior visualização das práticas libidinosas e para a desmistificação do tabu sexual em geral. "(...) falar abertamente sobre sexo faz parte da profilaxia da epidemia do século"[121] e, por esta razão, as informações detalhadas sobre o sexo sem risco passaram a fazer parte de todas as campanhas

---

[120] Documento Pontifício *Declaração sobre alguns pontos de Ética sexual*, p. 7. Sagrada Congregação para a Doutrina da Fé.

[121] Mott, Luiz. "Aids e sexualidade." Anais do VII Encontro Estudos Populacionais. Caxambu, 1990, v. 3. Disponível em: www. abep. org.br/REBEP

contra a AIDS no Brasil, apesar da forte oposição dos setores mais moralistas de nossa sociedade, notadamente da CNBB. Ainda assim, segundo Mott, a sexualidade teria se tornado tema mais freqüente de conversa e discurso, inclusive entre bispos e cardeais.

Dessa forma, a sociedade é estimulada a falar de sexo, ver objetos ou imagens sexuais, que incluem as diferentes performances eróticas ou orientações sexuais. Segundo Foucault, a sexualidade é um dispositivo de saber e de poder que estimula os corpos, intensifica os prazeres, a formação dos conhecimentos, o reforço dos controles e das resistências e a incitação ao discurso.[122] Podemos vislumbrar o dispositivo de sexualidade presente na sociedade brasileira atingida pela AIDS, de forma que o saber institucionalizado, construído em torno da prevenção da doença, incide diretamente sobre o próprio ato sexual, que deve ser responsável e seguro.

As instituições e os discursos, tanto público e do senso comum, quanto científico e religioso, tentam responder à epidemia de AIDS, reivindicando para si foros distintos de legitimidade, como a cientificidade, a saúde pública ou a moralidade religiosa. Essa produção discursiva remodela os significados e os símbolos que estruturam a cultura sexual na sociedade brasileira.

Nas interpretações da epidemia, a norma reprodutiva da sexualidade é reforçada por uma variedade de maneiras formais, como as censuras ideológicas da religião recebida e as censuras da ciência moderna. "(...) estabelece-se um sistema hierárquico de valores no qual a heterossexualidade monogâ-

---

[122] FOUCAULT, Michael. "História da Sexualidade I. A vontade de saber." In *O dispositivo de sexualidade*, p. 100.

mica e reprodutiva define uma norma da qual todas as outras formas de prática sexual nitidamente se desviam."[123] Como colocou Parker, a hierarquia do sexo situa em uma das extremidades a heterossexualidade reprodutiva, monogâmica, conjugal e, na outra, as práticas sexuais definidas como "anti-naturais" e "anormais". Diríamos que, com o advento da AIDS, a transitoriedade dentro desta hierarquia torna-se, consideravelmente, mais maleável.

Nos pronunciamentos da Igreja Católica, são anunciados os valores da sexualidade humana procriativa e do matrimônio. Segundo João Paulo II, "a temível difusão da SIDA inscreve-se num universo social caracterizado por uma série crise de valores"[124]. Neste sentido, e este é também o posicionamento do episcopado brasileiro, a Igreja deve contribuir para restaurar os comportamentos que condizem com a moralidade sexual, como a abstinência sexual antes do matrimônio e a fidelidade conjugal, recomendações para uma vivência plena e séria da sexualidade. Imbuído de seu significado moral, o preservativo, como qualquer método contraceptivo, transgride a lei da natureza humana. Para a Igreja, sua ética sexual é a única com validade universal e perene, porque divinamente estabelecida.

O governo brasileiro, na voz do Programa Nacional de DST/AIDS, considera, no entanto, que uma estratégia baseada

---

[123] Rubin *apud* Parker, op. cit., p. 150.

[124] Mensagem do Santo Padre por ocasião da Sessão Especial da Assembléia Geral da ONU sobre HIV/SIDA. "A Sua Excelêcia, Senhor Kofi Annan, secretário-geral da Organização das Nações Unidas." Disponível em: www.vatican.va (acesso em 20 de agosto de 2004).

nos dogmas e valores morais da abstinência e fidelidade é inadequada enquanto política de saúde pública para a prevenção do HIV e outras DSTs. "Seria um erro uma política pública baseada no respeito à universalidade, à diversidade e na realidade cultural da sociedade preconizar condutas que não são compartilhadas por todas as pessoas."[125]

Desse modo, ainda que o governo acredite que a promoção do preservativo respeite a universalidade e a neutralidade, em nome do bem comum da população, este discurso igualmente apropria-se de um significado sobre a experiência sexual, que seria aquele que mais se coaduna com a "realidade cultural da sociedade".

Os religiosos franciscanos e todos os leigos envolvidos no trabalho pastoral com os portadores do vírus HIV encontramse diante de situações que lhes permitem reinterpretar os significados da experiência sexual. Frei José Bernardi, "partindo da experiência que as pessoas fazem do exercício de sua sexualidade", refere-se à sexualidade como uma esfera autônoma da reprodução, "como uma fonte de prazer, como uma fonte de harmonização pessoal, de consolidação da relação matrimonial". "É preciso propor uma nova teologia da sexualidade, bem como do seu exercício, longe da moralização, da noção de pecado, de sujeira, do que é privado."[126] O entendimento de que a Igreja precisa rever o seu modo rígido e desconfiado de tratar a sexualidade é expresso por outros teólogos, que dizem

---

[125] Posição do PNDST e AIDS frente à proibição da divulgação de campanha da sociedade civil, em notícias da ABIA. Disponível em: http://www.abiaids.org.br (acesso em 23 de agosto de 2004).

[126] BERNARDI, José. "Os desafios pastorais da AIDS", p. 29. *Viu e teve compaixão... Igreja e AIDS*, Editora São Miguel, Fortaleza, 2002.

que "ainda vigora uma cultura platônica mais de tolerância do que de aceitação do ato sexual e do prazer corporal".[127] Marcelo Barros justifica que as pessoas que não conseguem viver o ideal exigido são obrigadas a expressar sua sexualidade na clandestinidade e, comumente de formas menos seguras e responsáveis.

"Entre o real e o ideal há uma grande distância." O trabalho pastoral com a AIDS colabora para que os significados da estrutura moral da Igreja sejam reavaliados pelos religiosos quando realizados na prática. Desse modo, questionam a influência das normas sexuais como um parâmetro na conduta das pessoas. Com relação à prevenção à AIDS, frei Bernardi não acredita que as orientações provenientes da CNBB, a respeito das restrições sobre o uso do preservativo, tenham respaldo entre os católicos. A proposta então é que o agente de Pastoral forneça elementos para que a pessoa, de forma independente e com autonomia, possa decidir o que é melhor para si.

"Ao lado disso, é preciso recordar que a mística que orienta e dá energia para o trabalho de agentes de pastoral envolvidos com portadores é a vida. A vida é o bem maior."

A percepção de que existe uma estrutura moral na convenção e na ação é aqui evidenciada pelo teólogo Bernardino Leers. A doutrina da moral sexual é ensinada pelo clero na Igreja; todavia, quando vivenciada pelas pessoas, esta é passível de modificações, o que Sahlins chamaria de estrutura na conjuntura:

---

[127] BARROS, Marcelo. "Somos todos doentes em processo de cura", p. 54. *Viu e teve compaixão... Igreja e AIDS,* Editora São Miguel, Fortaleza, 2002.

"Nós temos o ministério especial, que de fato, nós temos de ensinar esta matéria, mas esta só tem sentido se na hora é realizado por alguém, ou por alguns, partido, organização, por governo, ou por organização não-governamental, por leigos católicos convencidos, trabalhando na vida econômica, na construção da política, na construção da sociedade, na construção de cultura. (...) Nós continuaremos ensinando a doutrina sexual, mas quem está com a mão na massa são evidentemente os casais, os pais de família, eles sim, é que sabem das coisas, nós sabemos um pouco de teoria".[128]

Para compreender o discurso dos religiosos da Pastoral da AIDS, a experiência da pesquisa de campo no Centro Franciscano de Luta contra a AIDS foi imprescindível. Esta entidade mantida por uma congregação franciscana na cidade de São Paulo, atende soropositivos que possuem baixa ou nenhuma renda, oferecendo-lhes o auxílio assistencial da cesta básica – ainda que esta não contenha preservativos, e dos medicamentos.[129] Além do convívio em grupos de vivência, que visam reinseri-los socialmente, destituindo a identidade do portador como um "morto social".

O trabalho de religiosos franciscanos e leigos no Cefran não tem como objetivo a conversão religiosa ou a evangelização dos so-

---

[128] Entrevista de frei Bernardino Leers concedida a José Antonio Trasferetti. *CNBB, AIDS e Governo*. Átomo, 2005.

[129] O Cefran recebe uma cota de preservativos do Ministério da Saúde, e os soropositivos atendidos podem dispor deles na farmácia da casa. Houve uma grande polêmica, quando se noticiou na imprensa que a entidade católica distribuía preservativos nas cestas básicas que entrega aos soropositivos. Este fato se tornou o argumento de outras entidades católicas que não concordam com a difusão do preservativo como meio de prevenção à AIDS.

ropositivos, de modo que pretendem desvencilhar-se da identidade de "pecador" que o soropositivo adquiri. Ainda assim, visualiza-se na doença a busca da "religiosidade" ou da "espiritualidade", como uma oportunidade para que ele reinterprete seu sofrimento e sua condição de doente de AIDS. A organização de um grupo voltado para os soropositivos homossexuais é sintomática do acolhimento dispensado a esse grupo social.

Para a ordem religiosa dos franciscanos, a identificação com o doente marginalizado é atualizada no portador do vírus HIV e, notadamente, elege-se o preconceito como fator de exclusão, de sofrimento e de dor para aquele que vive com esta doença. Ora, o estigma relacionado à AIDS advém, muitas vezes, de julgamentos morais e religiosos.

As relações de gênero são trazidas à discussão diante da transmissão heterossexual do HIV. No que pese a sua significação para o imaginário religioso, este é intimamente instigado pelas representações acerca da infidelidade e dos papéis dos homens e das mulheres dentro do casamento. Conforme observou frei Bernardi, essa relação assimétrica de poder é comumente associada à submissão da mulher e à violência contra a mulher. O duplo padrão de moral sexual, como coloca Parker, fornece a mais profunda visão da vida sexual na sociedade brasileira.[130]

Todas as entidades de cunho religioso que trabalham com assistência, permitiram um envolvimento direto de leigos e religiosos com a epidemia e com as necessidades dos soropositivos. Isso se refletiu não somente em ações que não partem da intransigência do uso do preservativo, mas principalmente, no

---

[130] PARKER, Richard. *Corpos, Prazeres e Paixões. A cultura sexual no Brasil Contemporâneo*, p. 104. São Paulo, Editora Best Seller, 1991.

modo como a Igreja passou a se referir à AIDS e aos portadores do vírus HIV. Queremos dizer com isso que um discurso religioso predominante no início da epidemia, que entendia a AIDS como um castigo divino para as perversões sexuais, tem sido consideravelmente atenuado, dando lugar à preocupação da Igreja em acolher os direitos dos que vivem com o HIV e a combater o preconceito relacionado à AIDS. Sem dúvida alguma, lidar com o estigma que associa as causas da AIDS a comportamentos sexuais ilícitos torna-se definitivamente instigante para a Pastoral de DST/AIDS. Segundo Dom Eugênio Rixen: "Acolhemos o pecador, mas não aceitamos o pecado. Somos misericordiosos para com aqueles que não conseguem viver um ideal ético, mas não nos conformamos com o erro".[131]

O envolvimento da Igreja Católica com a epidemia da AIDS provoca questionamentos morais que atribuem novos significados à doença sexualmente transmissível, em especial aqueles alocados entre a religião e a sexualidade. A organização de um serviço pastoral na Igreja cria situações em que muitos dos problemas concretos não se coadunam com o ensinamento oficial da Igreja.

A experiência sexual, e como as pessoas de todas as formas atingidas pela epidemia as interpreta, é redimensionada pelo imaginário religioso, em sua relação com a estrutura da moral sexual. O controle da epidemia da AIDS incide sobre a vida sexual, de forma a colocar em cena discursos sobre a restauração da moralidade sexual. Como parte deste processo, a AIDS também incita a releitura dos significados e das concepções das práticas sexuais, inclusive dentro do imaginário religioso.

---

[131] RIXEN, Eugênio. "Religião e Prevenção a AIDS." *Viu e teve compaixão... Igreja e AIDS*, p. 41.

BIBLIOGRAFIA

BERNARDI, José. "Os desafios pastorais da AIDS". *Viu e teve compaixão... Igreja e AIDS*, Editora São Miguel, Fortaleza, 2002.

_____. "Desafios cotidianos da AIDS", in *Igreja e AIDS: Presença e Resposta*. Porto Alegre, Editora São Miguel, 2004.

BARBOSA, Maria Regina. "Um olhar de gênero sobre a epidemia de AIDS" in Elza Berquó (org.). *Sexo e Vida: panorama da saúde reprodutiva no Brasil*.

Carta às Famílias do Brasil. "O fundamento da posição da Igreja", p. 8. Publicada em 12 de novembro de 2003. Dom Rafael Liano Cifuentes.

Carta Encíclica *Humanae Vitae* de Sua Santidade o Papa Paulo VI sobre a Regulação da Natalidade, 25 de julho de 1968. N. 12, 13, 17. Disponível em: www.vatica.va (acesso em 6 de julho de 2004).

DEILFELT, Wanda. (pastora da Igreja Evangélica de Confissão Luterana no Brasil). "Gênero e AIDS: o desafio das mulheres diante da pandemia do HIV." *Igreja e AIDS: Presença e Resposta*. Editora São Miguel, Porto Alegre, 2004.

Documento Pontifício *Declaração sobre alguns pontos de Ética sexual*. Sagrada Congregação para a Doutrina da Fé.

DURHAM, Eunice R. "Família e reprodução humana." *Perspectivas Antropológicas da Mulher 3*. Rio de Janeiro: Zahar Editores, 1983.

FIGUEIRA, Sônia Maria de Almeida. *Entre o Corpo e a Alma: as inter-relações do campo sanitário com o campo religioso*. Tese de doutorado apresentada ao Departamento de Prática de Saúde Publica da Faculdade de Saúde Pública da Universidade de São Paulo. São Paulo, 2003.

FOUCAULT, Michel. *História da Sexualidade I*. A vontade de saber. Rio de Janeiro, Edições Graal, 1988.

GALVÃO, Jane. "As respostas religiosas frente à epidemia do HIV/AIDS no Brasil." *Políticas, Instituições e AIDS: enfrentando a epidemia no Brasil*. Richard Parker (org.), Rio de Janeiro: Jorge Zahar ABIA, 1997.

GEERTZ, Clifford. "A religião como um sistema cultural" in *A Interpretação das Culturas*. Rio de Janeiro: Zahar, 1978.

GIFFIN, Karen. *Violência de gênero, sexualidade e saúde*. Caderno de Saúde Pública, v. 10, supl. 1, Rio de Janeiro, 1994.

GUERRIERO, Iara, José Ricardo CM Ayres e Norman Hearst. "Masculinidade e vulnerabilidade ao HIV de homens heterossexuais em São Paulo." *Revista Saúde Pública*, 2002; 36(4 Supl): 50-60.

Guia do Agente de Pastoral da AIDS. "Entre o real e o ideal." Editora São Miguel: Caxias do Sul, 2004.

GUIMARÃES, Carmem Dora. "'Mas eu conheço ele!': Um método de prevenção do HIV/AIDS." *Quebrando o silêncio: mulheres e AIDS no Brasil*.

GUIDDENS, Anthony. *A Transformação da Intimidade*. São Paulo: Editora Universidade Estadual de São Paulo, 1993.

HEILBORN, Maria Luiza. *Gênero e Hierarquia. A costela de Adão revisitada.* Revista Estudos Feministas. Vol. 1, n.1/1993.

MONTEIRO, Simone. *Qual prevenção? Aids, sexualidade e gênero em uma favela carioca.* Rio de Janeiro, Editora Fiocruz, 2002.

MOSER, Antonio. *O Enigma da Esfinge A Sexualidade.* "O suporte antropológico." Petrópolis, Editora Vozes, 2000.

MOTT, Luiz. "AIDS e sexualidade", p. 490. Anais do VII Encontro Estudos Populacionais. Caxambu, 1990, v. 3. Disponível em: www.abep.org.br/rebep

Viu e teve compaixão... Igreja e AIDS, Editora São Miguel, Fortaleza, 2002.

Igreja e AIDS: Presença e Resposta. Editora São Miguel, Porto Alegre, 2004.

Guia do Agente de Pastoral de DST/AIDS. Editora São Miguel, Caxias do Sul, 2004.

PARKER, Richard. *Corpos, Prazeres e Paixões.* A cultura sexual no Brasil Contemporâneo. São Paulo, Editora Best Seller, 1991.

_____. *Na Contramão da AIDS: sexualidade, intervenção, política.* Rio de Janeiro: ABIA; São Paulo: Editora 34, 2000.

_____. "Diversidade sexual, análise sexual e educação." *AIDS e sexualidade: o ponto de vista das ciências humanas.* Maria Andréa Loyola (organizadora). Rio de Janeiro: Relume-Dumará: UERJ, 1994.

PAULO II, João. *A Igreja e a AIDS.* Disponível em: http://acidigital.com (acesso em 10 de setembro de 2004).

PRAÇA, Neide e GUALDA, Dulce. *Risco de infecção pelo HIV: como mulheres moradoras em uma favela se percebem na cadeia de transmissão do vírus.* Revista Latino-am Enfermagem 2003 janeiro-fevereiro; 11(1).

RATZINGER, Joseph Cardeal, prefeito da Congregação para

a Doutrina da Fé. *Carta aos Bispos da Igreja Católica sobre a colaboração do homem e da mulher na Igreja e no mundo.* Disponível em: http://www.vatican.va

SAHLINS, Marshall. "Introdução", in *Ilhas de História.* Rio de Janeiro, Zahar, 1990.

SCAVONE, Lucila. *A maternidade e o feminismo: diálogo com as ciências sociais.* Cadernos pagu (16) 2001.

TEIXEIRA, Dudu. "Morte e Vida na Teologia: o homossexualismo e a AIDS na reflexão do teólogo Jaime Snoek." Comunicações do ISER. Ano 7, n. 31, 1988.

TERTO, Veriano Jr. "Homossexuais soropositivos e soropositivos homossexuais: questões de homossexualidade masculina em tempos de AIDS." *Sexualidades Brasileiras.* Richard Parker e Regina Maria Barbosa (orgs.) Rio de Janeiro: Relume-Dumará: ABIA:IMS/UERJ, 1996.

TRASFERETTI, José Antonio. *Família e AIDS: comunicação, conscientização e saúde.* Campinas, Editora Átomo, 2004.

_____. "O pensamento da CNBB frente às campanhas de prevenção a AIDS", p. 81. *Teologia e sexualidade: um ensaio contra a exclusão moral.* Campinas, Editora Átomo, 2004.

_____. *CNBB, AIDS e Governo.* Campinas: Átomo, 2005

TRONCA, Ítalo. "Sexualidade e doença." *As Máscaras do Medo: Lepra e AIDS.* Campinas, SP, Editora da Unicamp, 2000.

VILLELA, Wilza Vieira. "Refletindo sobre a negociação sexual como estratégia de prevenção da AIDS entre as mulheres." *Quebrando o Silêncio: Mulheres e AIDS no Brasil.*